PRÉCIS HISTORIQUE

DES

ÉVÉNEMENTS DE CHAMBÉRY

PRÉCIS HISTORIQUE

DES FAITS QUI ONT PRÉCÉDÉ, ACCOMPAGNÉ ET SUIVI

L'INVASION DE LA VILLE DE CHAMBÉRY

Dans la journée du 3 Avril 1848

APPUYÉ DE PIÈCES JUSTIFICATIVES.

Publié par ordre du Conseil-général de cette ville.

A chacun selon ses œuvres

CHAMBÉRY

PUTHOD, IMPRIMEUR-LIBRAIRE, ÉDITEUR.

1848

Errata et Additions.

AVIS ESSENTIEL. — Une omission importante a été faite à la page 54 ; à la suite de la pièce justificative nº 5, il faut ajouter ce qui suit :

« Le 31 mars, MM. les Syndics avaient reçu la lettre officielle suivante de M. l'Intendant-Général :

« MM. les nobles Syndics,

« Des nouvelles viennent d'arriver à l'instant à S. Exc. le Gouverneur, qui nous apprennent l'arrivée des ouvriers savoisiens armés en Chautagne ; il paraît à ce qu'on dit, qu'ils seraient au nombre de 3,000. Je m'empresse de vous en prévenir, pour que vous puissiez donner les dispositions nécessaires à la garde communale et aux pompiers, dans l'intérêt de la sûreté publique.

« J'ai l'honneur, etc.,　　　　　« *L'Intendant-général*,

« SAPPA. »

« Le 1er avril, M. le Gouverneur communiqua à MM. les Syndics la proclamation de M. Arago (ci-après, pièce nº 18), et une note de laquelle il résultait que les assaillants arrivaient par le Pont-Beauvoisin et par Yenne, au nombre de plus de trois mille hommes armés, et qu'ils seraient suivis d'une autre colonne de 7,000 hommes devant partir incessamment de Lyon. »

Page 27, 24e ligne, au lieu de : *deux hommes, l'un en ville et l'autre à la campagne*, lisez : UN SEUL HOMME TUÉ EN VILLE.

Page 29, 2e ligne, au lieu de : nº 25, lisez : nº 26.

Page 32, 17e ligne, au lieu de : *y a donné*, lisez : Y ONT DONNÉ.

Même page, 20e ligne, au lieu de : *Il s'est hâté d'expédier*, lisez : LE CONSEIL DE VILLE S'EST HATÉ, etc.

Même page, 29e ligne, au lieu de : nº 31, lisez : nº 30.

Page 33, 10e ligne, au lieu de : nº 40, lisez : nº 41.

Page 41, 4e ligne, au lieu de : nº 8, lisez : nº 12.

Page 53, pièce nº 4, au lieu de : *datée du 31 mars*, lisez : DATÉE DU 1er AVRIL.

Chambéry, imprim. de Puthod.

PRÉCIS HISTORIQUE

DES

ÉVÉNEMENTS DE CHAMBÉRY

DES 3 ET 4 AVRIL 1848.

Les événements qui se sont succédé à Chambéry dans les premiers jours du mois d'avril 1848, seront, sans doute, une des pages les plus intéressantes de l'histoire de la Savoie, et en particulier, de la ville qui en fut le théâtre.

Tout doit être mis au grand jour, afin que chacun connaisse, apprécie et juge la conduite des fonctionnaires appelés à agir contre l'invasion dont Chambéry était menacé, et qu'il a malheureusement subie le 3 avril 1848. Les déterminations prises par le Conseil-général de cette capitale, ont été trop et trop diversement critiquées, pour qu'on ne doive pas réunir dans un seul cadre, tous les documents relatifs à cette malheureuse expédition.

Déjà aux premiers jours du mois de mars, on reconnaissait à Lyon que l'ordre, si nécessaire à cette ville industrielle, ne pouvait se rétablir qu'en diminuant considérablement le nombre des ouvriers qui l'encombraient. Les sociétés populaires déclaraient qu'il fallait expulser les étrangers, et tous les journaux ont constaté les violences employées dans ce but. Mais la crainte et l'intimidation n'ont pas un accès facile auprès des Savoisiens, et comme ils formaient à eux seuls un corps compacte et assez nombreux, on les a éloignés par un autre moyen. C'est au nom de l'honneur qu'ils se sont décidés à quitter Lyon ; c'est avec ce sentiment mal compris qu'ils ont tenté la malheureuse expédition qui nous occupe. On leur a persuadé que leur pays était encore dans l'esclavage; qu'il était soumis à une police brutale ; que les idées généreuses ne pouvaient s'y faire jour ; que le peuple y était maintenu dans un servage dégradant ! en fallait-il davantage pour leur faire croire que l'amour de leur pays leur faisait un devoir de changer cet ordre de choses ?

Combien ils sont coupables ceux qui trompèrent ainsi nos concitoyens ! comment osaient-ils provoquer un démembrement de la Savoie, quand notre Roi bien-aimé combattait en Lombardie pour la sainte cause de la liberté ? Comment osaient-ils parler de servage, quand une charte venait d'assurer à chacun le plein et entier exercice des droits et des libertés les plus larges ? Non, ils ne sont pas Savoisiens, car ils ont méconnu le sentiment national ; ils ne sont pas des apôtres de la liberté, car ils tentèrent d'en compromettre infailliblement la cause en Italie ! la liberté est de tous les temps et de tous les pays. Puissent le remords que Dieu leur réserve, et la sévérité de l'histoire qui les jugera, être la principale expiation d'une aussi folle et d'une aussi coupable tentative !

La légion prétendue libératrice s'est formée au grand jour avec le but avoué et public de venir proclamer la République en Savoie. Les engagements volontaires ne suffisant pas pour donner à cette légion une force matérielle imposante, on a usé de violence pour y incorporer des citoyens paisibles. Soit afin de maintenir ces derniers sous les drapeaux, soit pour augmenter la force de la colonne, on a employé un détachement d'ouvriers français connus sous le nom de *Voraces*, milice déterminée et organisée à Lyon. De cette manière on est parvenu à composer une troupe d'invasion, que tous les renseignements font monter au nombre de 2,000 hommes environ.

Le moment était favorable à tous égards : les régiments de la garnison de Chambéry avaient été appelés en toute hâte en Italie ; la cavalerie nous avait quittés le 25 mars ; l'artillerie, le lendemain ; le 15e régiment venant d'Annecy, s'était à peine arrêté à Chambéry ; il prenait la route du Mont-Cenis le 28. Tous les carabiniers-royaux disponibles en avaient fait autant ; la plus grande partie des douaniers même avaient été rappelés. Le Gouverneur militaire se trouvait ainsi seul ou à peuprès seul pour défendre le pays. Une chose digne de remarque est que la colonne destinée à envahir la Savoie sortait de Lyon, le lendemain même du jour que le dernier régiment venait de quitter Chambéry pour aller en Italie. Cette colonne était précédée par les musiques des gardes nationales de Lyon et accompagnée d'un nombreux concours de peuple ; on lui assurait l'appui de forces imposantes qui la suivraient, et des proclamations affichées partout semblaient lui garantir la réalisation de ces promesses.

En face d'une aggression aussi flagrante, le Conseil-général de la ville de Chambéry, réuni sous la présidence de l'Intendant-Général, et avec l'approbation formelle de celui-ci, avait appelé MM. les capitaines et lieutenants de la Milice communale, les chefs et les capitaines des Pompiers et Gardes-de-Sûreté, pour prendre part aux déterminations et délibérer sur les mesures à prendre dans des circonstances aussi graves. *(Voir pièces justificatives, n° 1.)*

Le Conseil ainsi constitué, fidèle au sentiment de la nationalité savoisienne et aux devoirs de l'honneur, dut manifester sa réprobation par une proclamation affichée le 31 mars, où l'on déclara qu'il n'était au pouvoir de personne de changer les destinées du pays contre son gré et contre sa volonté. *(Voir pièces justificatives, n° 2.)*

Le 31 mars, à sept heures du soir, le Conseil siégeait à l'Hôtel-de-Ville, lorsque des cris de *vive le Roi, vive la Savoie*, se firent entendre sur la place. Les habitants, en grand nombre, demandaient ouvertement à combattre l'ennemi. M. le syndic de Quincy se mit en tête du cortége avec le drapeau national ; on se rendit au château, et là, S. Exc. le Gouverneur, chevalier Olivieri, avec l'accent de la plus sincère conviction, promit de se mettre à la tête des volontaires, disant qu'il serait heureux de verser son sang pour une aussi belle cause.

Dans cette même soirée, le Gouverneur fit appeler M. Arnaud, avocat, qui, le matin, lui avait offert de faire transporter, en voiture, dans 24 heures à Chambéry, les troupes qui devaient encore être en-deçà du Mont-Cenis, et lui demanda s'il pouvait à cette heure exécuter cette commission ; mais il ne fut pas donné suite à ce projet. *(Voir à cet égard la pièce n° 3.)*

Le lendemain, 1er avril, la Milice communale fut convoquée sur la place d'Armes. Elle était à peine organisée, car elle n'avait élu ses chefs de compagnie que les 28, 29, 30 et 31 mars. Cinq cents fusils avaient été distribués aux compagnies au fur et à mesure de leur organisation, et cent quinze autres fusils le furent dans la matinée du 1er avril. Le nombre des miliciens était de 1,200 et plus. S. Exc. le Gouverneur, assisté de MM. les Syndics et Conseillers qui n'étaient pas dans les rangs, passa la Milice en revue. On appela les officiers et sous-officiers, on leur demanda s'ils pouvaient répondre de leurs compagnies pour aller combattre la colonne qui s'approchait. Cette question posée à des chefs qui ne connaissaient pas encore leurs subordonnés, ne pouvait recevoir une réponse positive, ni complètement rassurante. Prenant en considération les forces présumées de l'aggression et les moyens de résistance disponibles, les officiers déclarèrent avoir la conviction que, pour maintenir l'ordre et sauvegarder les personnes et les propriétés, la Milice ferait le coup de feu, mais que, pour le surplus, ils ne pouvaient rien affirmer. Cependant un officier de la compagnie des Pompiers s'avança en proposant hautement de faire un appel aux volontaires : cette proposition ne fut pas accueillie par l'autorité compétente.

S. Exc. le Gouverneur se retira alors, et écrivit à MM. les Syndics, le même jour, une lettre par laquelle il déclarait ne pouvoir empêcher seul l'invasion dont la ville était menacée, et demandait une déclaration écrite de la réponse des Milices. *(Voir pièces jointes, n° 4.)*

M. le comte de Quincy lui répondit de suite que, en effet, la garde nationale et le Conseil de ville avaient reconnu que, vu le nombre des assaillants et leur appui, il fallait subir la cruelle obligation de renoncer à la résistance. *(Voir pièces jointes, n° 5.)*

Le même jour, M. l'Intendant-Général requit que la ville mît trois charriots à sa disposition pour enlever le trésor, mais le Conseil-général répondit que, dans l'état des choses et des esprits, cet enlèvement n'était pas praticable. *(Voir pièces jointes, n° 6.)*

C'est encore le même jour que S. Exc. le Gouverneur remit officiellement, à l'administration de la ville, l'autorité dont il était investi pour le maintien de l'ordre et la conservation des objets appartenant à S. M. et à son gouvernement. *(Voir pièces jointes, n° 7.)* Son Excellence consigna également les clefs des magasins à poudre et des divers objets militaires. *(Voir pièces jointes, n° 8.)*

Après tout cela, soit le 1ᵉʳ avril vers les trois heures après-midi, S. Exc. le Gouverneur, l'Intendant-Général, le Commandant de Place, le Commissaire des Guerres, le Directeur des Douanes, malgré les vives instances de l'administration, abandonnèrent la ville de Chambéry. Le Gouverneur fit ses adieux à la ville par une proclamation du même jour. *(Voir pièces, n° 9.)*

Le Conseil-général n'est pas resté inactif durant ces événements. Il avait expédié, sur les routes que la colonne devait parcourir, deux émissaires jouissant de sa confiance. Il en apprit qu'elle s'avançait par la route de Saint-Rambert, avec le projet d'entrer en Savoie par le pont de la Balme.

Dès le 30 mars, il nomma une commission pour satisfaire aux besoins des ouvriers qui, renvoyés de France, se trouveraient de passage en cette ville.

En même temps, il députa MM. Blard, Héritier, Molin et Vuagnat auprès de la colonne d'invasion, aux fins d'en connaître les intentions. Ils devaient user de tous moyens possibles auprès de ceux qui la composaient, pour les dissuader d'entrer en Savoie autrement que comme des frères, et sans arborer aucun drapeau. *(Voir pièces, n° 10.)*

Ces mandataires partirent le 31 mars, et rencontrèrent à Belley l'un des chefs de l'expédition. Ils lui firent comprendre combien leur tentative aurait peu de sympathie en Savoie, combien elle serait préjudiciable à la cause de la liberté en Italie, et ils en obtinrent que la colonne resterait stationnaire à Belley jusqu'à ce qu'une estafette expédiée le même jour au Comité directeur de Lyon, pût être de retour.

Tels furent les résultats de cette mission dont les commissaires rendirent compte au Conseil, dans la soirée du 1er avril.

Les espérances qu'on avait fondées sur cette détermination se dissipèrent bientôt. Le 2 avril au matin, on apprit que la colonne s'était remise en marche et était entrée en Savoie.

Malgré l'irritation causée par le départ des autorités, la population de la ville et des campagnes faisait les manifestations les plus éclatantes de son attachement au Roi et à son gouvernement.

Des bandes d'hommes armés de tridents, de sabres, de fusils, et de toutes les armes qu'on avait pu se procurer, vinrent se ranger sur la place de l'Hôtel-de-Ville. La compagnie des Pompiers, la Garde-de-Sûreté, la Milice communale étaient animées du meilleur esprit; mais grande partie des armes données à la Milice n'était pas en état de servir. Cette milice n'était d'ailleurs pas exercée au maniement des armes. Il faut ajouter que, le 2 avril, une proclamation émanée du Conseil d'intendance plaçait le secours que Chambéry pouvait espérer, dans la formation d'un corps d'armée de réserve non encore appelé ni organisé. *(Voir pièces jointes, n° 11.)*

Les circonstances devenant plus graves d'un moment à l'autre, puisque les sentiments hostiles à cette invasion se prononçaient d'une manière toujours plus énergique, le Conseil pensa qu'il était l'instant d'agir sans délai. Ce Conseil députa le même jour MM. Milliet de St-Alban, Vuagnat et Fillard pour se transporter immédiatement auprès du chef de la colonne dont il s'agit, afin de lui notifier que, tout en compromettant la vie de ses subordonnés, il exposerait la ville à des désastres incalculables; en conséquence, le Conseil donna à ses délégués et par écrit tous les pouvoirs convenables.

Pendant cette journée, MM. les Syndics s'empressèrent de faire connaître, par estafette, à S. Exc. le Gouverneur, l'état de l'esprit public;

ils ajoutaient que les nouvelles étaient loin d'être aussi alarmantes que celles qu'il avait communiquées au moment de son départ, et ils le supplièrent de rétrograder jusqu'à Montmélian avec les troupes qu'il aurait à sa disposition ; que là on lui ferait passer des renseignements ultérieurs. *(Voir pièces, n° 12.)*

Le résultat de cette démarche fut le retour, à Chambéry, de l'Intendant-Général et du Commandant ; la Milice communale, réunie sur la place d'Armes, fut passée en revue par eux, les Syndics et les Conseillers. Les officiers furent encore interpellés sur l'intention de la garde communale de combattre, et ils persistèrent dans leur avis de la veille.

Cependant, les cris de : Vive le Roi ! Vive la Savoie ! furent répétés par toutes les compagnies avec un entraînement unanime ; toutefois, pour rendre hommage à la vérité, on doit constater que l'irritation causée par le départ des autorités le jour précédent, était telle, qu'une grande partie de la Milice, et notamment la 8ᵉ compagnie en entier, refusa de présenter les armes au Commandant et à l'Intendant. Le capitaine de la 8ᵉ compagnie interpellé à cet égard, répondit *que cette compagnie, ayant vu avec une profonde indignation le départ des autorités, ne rendait pas les honneurs militaires à ceux qui avaient abandonné la ville au moment du danger.* Quelques miliciens prirent la parole dans le même sens.

A neuf heures du soir, les députés revinrent à Chambéry, et se présentèrent au Conseil pour rendre compte de leur mission. A la séance étaient présents M. le chevalier de Serraval, commandant des Pompiers et de la Garde-de-Sûreté; les capitaines et lieutenants de la Milice communale; M. le président Picolet, avocat-fiscal-général; M. le Commandant de Place; M. l'Intendant-Général; MM. les conseillers d'intendance, chevalier Salino et marquis de Faverges.

Les députés rapportèrent qu'ils avaient rencontré la colonne d'ouvriers sur le revers du Mont-du-Chat, vers les deux heures après-midi; qu'elle était composée en très-grande partie d'hommes sans armes apparentes, au nombre d'environ dix-huit cents; qu'ils avaient pu encore rejoindre le commandant de l'expédition, le Sr Burnet, à Yenne; que là ils avaient eu une conférence avec lui, dans laquelle ils avaient tâché de lui démontrer que l'invasion n'avait aucune chance de succès, puisque la Savoie ne voulait pas changer de gouvernement; qu'en supposant que des éventualités imprévues pussent amener un pareil résultat, la Savoie ne souffrirait jamais qu'on lui imposât un régime quelconque; que la nation seule disposerait alors de son avenir; et, pour appuyer cette déclaration, ils avaient remis audit sieur Burnet une des proclamations du Conseil de ville, du 31 mars.

Ils ont ajouté que cette invasion était d'autant

plus intempestive, qu'elle compromettait le sort de l'armée d'Italie, dans laquelle combattent un grand nombre de nos compatriotes, que ces vérités étaient tellement senties, que toute la Savoie repousserait d'une manière unanime leur expédition.

A cela, le commandant avait répondu qu'il connaissait les sentiments de la cité ; qu'il y avait des correspondants qui le tenait au courant de toutes les manifestations ; qu'il avait appris les détails de la soirée du 31 mars ; mais que peu lui importait, parce qu'il devait obéir à un Comité directeur de Lyon, dont il exécutait les ordres.

Il dit encore que, d'après l'organisation toute récente de sa colonne, il ne pouvait répondre de ses subordonnés ; qu'il regrettait de ne pouvoir adhérer aux raisons qui lui étaient présentées, mais qu'aujourd'hui il n'était plus temps de reculer ; que c'était une question d'honneur ; que même la vie des chefs de l'expédition serait compromise s'ils proposaient à la troupe d'arrêter sa marche ; que tout ce qu'il pouvait promettre, c'était de faire stationner sa légion pendant la nuit au Bourget, pour entrer le lendemain, 3 avril, à Chambéry ; qu'ils entendaient respecter les personnes et les propriétés ; que leur but était de proclamer la République à Chambéry, et de continuer leur marche en Piémont, pour y porter les mêmes institutions, et combattre les Autrichiens dans l'intérêt de la liberté des peuples ;

que rien n'était capable de les faire reculer ; mais
que si on leur faisait la moindre résistance , et
qu'un seul coup de fusil leur fût tiré , ce serait le
signal d'un massacre général , et que la ville serait
saccagée ; que s'ils succombaient dans la lutte,
une colonne de 7,000 *Voraces* qu'ils avaient laissée
à Lyon , arriverait en toute hâte pour tirer une
vengeance complète de tous nos concitoyens , et
achever l'œuvre de destruction que la première
colonne n'aurait pu accomplir. Les députés du
Conseil, en terminant , ont dit que le commandant
avait promis de réunir , au Bourget , les chefs de
l'expédition pour avoir leur dernier avis , qu'il
pourrait faire connaître le même soir , à deux
heures du matin, en dehors des postes avancés.

Le Conseil , après avoir mûrement délibéré et
pesé la gravité des circonstances , crut ne pas devoir assumer sur lui une responsabilité qui pourrait avoir de terribles conséquences. Il pensa qu'on
pourrait sans doute sonner le tocsin et appeler la
population au combat pour se rendre au Bourget
pendant la nuit ; mais il réfléchit que , malgré
l'énergie et le courage des citoyens , on n'aurait
pu les faire marcher avec l'ordre et la régularité
qu'exige une attaque militaire. Calculant donc les
terribles conséquences d'une déroute , on renonça
à ce moyen.

C'est alors que le Commandant et l'Intendant-
Général se sont retirés , et ont repris la route
d'Aiguebelle ; ils rencontrèrent le Gouverneur , le

3 de très bonne heure, à la tête de 300 hommes près de Lachavanne, qui se dirigeait sur Chambéry, où il aurait pu arriver à temps ; mais, hélas ! il en fut dissuadé, et retourna avec tout son monde en arrière.

Il fut arrêté, dans cette séance, que les Syndics, les Conseillers et les chefs de la Milice resteraient à l'Hôtel-de-Ville pendant la nuit, et y attendraient les événements du lendemain, pour prendre telle détermination qu'il écherrait. Cependant MM. Vuagnat, Molin et le comte de Vars se dévouèrent pour faire une dernière tentative auprès du chef de la colonne ; ils partirent à minuit et demi pour le Bourget.

Ils furent de retour de leur mission vers les trois heures du matin, et rapportèrent qu'ils avaient rencontré sur le Pont-Rouge l'état-major, lequel leur avait déclaré de la manière la plus formelle qu'ils entendaient entrer dans cette ville dans la matinée du 3 avril, sans qu'aucune considération pût les arrêter.

Dans cet état de choses, les membres du Conseil ont dû se préoccuper du maintien de l'ordre et des moyens d'éviter de fâcheuses et inutiles collisions.

Le Conseil arrêta qu'il resterait sans désemparer à son poste jusqu'à ce qu'il en eût été renvoyé par la violence, et que la colonne eût fait son entrée en ville, protestant de la manière la plus formelle contre la triste situation faite au pays par la force majeure.

Déjà, depuis le 1er avril, il avait été arrêté qu'un conseiller et un capitaine de la Milice siégeraient jour et nuit à l'Hôtel-de-Ville, soit pour pourvoir aux cas d'urgence, soit pour suffire au paiement de l'indemnité de route afférente aux contingents qui rejoignaient leurs drapeaux ; afin qu'aucun prétexte ne pût les retenir. (*Voir pièces, nº 13.*)

Ce ne fut que par lettres des 3 et 4 avril que le Gouverneur répondit à la dépêche de MM. les Syndics, en date du 2 même mois ; mais alors la ville était occupée. (*Voir pièces, nos 14 et 15.*)

C'est ici le cas de constater que, par une circulaire du 30 mars, laquelle malheureusement n'a pas eu avec la promptitude que réclamaient les circonstances toute la publicité nécessaire, le Gouverneur, en assurant que les intentions du Roi n'étaient point d'abandonner la Savoie, invitait les communes à venir au secours de Chambéry contre l'invasion. (*Voir pièces, nº 16.*)

Ensuite de la résolution prise par le Conseil-général de rester à son poste jusqu'à ce qu'il fût expulsé par la violence, et afin de protester autant qu'il était en lui contre la triste position qui lui était faite, tous les membres dudit Conseil sont restés réunis dans la grande salle des délibérations de l'Hôtel-de-Ville, dès le 2 avril jusqu'au lendemain à dix heures du matin.

Pendant la nuit du 2 au 3, on avait aperçu dans les rues beaucoup d'inconnus paraissant appartenir à la bande des envahisseurs. Vers les dix heures du soir, un individu se disant *Capitaine de la Section des Voraces*, s'est présenté à l'Hôtel-de-Ville accompagné d'un homme armé; il requérait que la caserne fût mise immédiatement à la disposition de sa troupe. Placé en présence des six membres du Conseil, cet individu insistait formellement à ses prétentions; on les a repoussées avec énergie; on lui a fait observer qu'il était étrange et déloyal, même au point de vue des envahisseurs, que la *Section des Voraces* fût entrée sur le territoire de la commune, pendant qu'un rendez-vous avait été convenu au *Pont-Rouge*, près du Bourget, et qu'on avait laissé entrevoir aux délégués de la ville la possibilité de lui épargner les malheurs d'une occupation, surtout, enfin, pendant qu'il avait été arrêté que jusqu'à l'entrevue signalée, la troupe ne ferait pas un pas en avant. Après diverses réponses évasives, ce soi-disant *Capitaine* convint que ses gens étaient encore au Bourget, et promit qu'ils y resteraient jusqu'au lendemain.

Durant ce colloque, les cris de : Vive le Roi ! n'avaient pas cessé de retentir sur la place de l'Hôtel-de-Ville, et les délégués du Conseil n'ont pas manqué de faire remarquer de nouveau au chef des *Voraces*, combien la population était contraire aux projets de la colonne envahissante. Jamais, lui a-t-on dit, cette population ne supportera le joug d'une République, surtout imposée par la force; la tourbe que vous conduisez sera infailliblement écrasée. Le capitaine a persisté à soutenir que peu lui importait ces démonstrations, et que tout s'arrangerait le lendemain, quand on connaîtrait les sentiments des chefs de l'expédition. Il ajouta que tout retard dans la marche de la colonne était impossible, et il s'est retiré.

Des prétentions aussi audacieusement formulées, ont dû faire croire au Conseil que l'invasion avait par devers elle de terribles moyens pour la faire prévaloir. On a donc persisté à conseiller aux citoyens une attitude calme et silencieuse dans le premier moment, sauf à concerter ce qu'il y aurait à faire ensuite.

Dans cette soirée, quelques citoyens généreux se présentèrent au Conseil, demandant qu'on les autorisât à aller combattre l'ennemi hors de la ville. Leurs sentiments trouvaient des sympathies dans tous les cœurs. Mais comment le Conseil aurait-il assumé sur lui la responsabilité d'une aussi grave détermination? Constitué pour administrer et non pour organiser une défense militaire, qu'aurait-il répondu aux veuves et aux orphelins qui seraient venus plus tard lui demander compte du sang versé par ses ordres, ou au moins sous son impulsion?

Une considération non moins puissante se trouve dans ce fait bien positif que rien n'avait été épargné pour égarer l'opinion, et pour travestir, aux yeux du peuple de Chambéry, les intentions bienveillantes et paternelles du Roi. L'administration municipale avait à redouter que cette erreur ne paralysât l'élan général de la population.

1° On avait vu dans des opuscules attribués à des hommes éminents, que les limites de l'Italie étaient les Alpes.

2° Un journal qui s'imprimait dans les Etats, sous la surveillance de la censure, prêchait l'indépendance de l'Italie, déclarait et répétait sans hésitation et sans contredit, que l'Italie commençait à Suze pour finir au cap Spartivento.

3° Lors de la proclamation de la République française, le Conseil-général de Chambéry témoignait le besoin de resserrer plus fortement encore les liens qui unissent la Savoie au Piémont; mais l'Intendant - Général répondait qu'une semblable déclaration pouvait entraver la marche du gouvernement du Roi, et gêner ses déterminations ultérieures. Aussi l'adresse du 4 mars, émanée de ce Conseil *(voir pièces jointes, n° 17)*, fut-elle envoyée directement et sans intermédiaire à S. Exc. le Ministre de l'Intérieur, contre le gré de l'Intendant.

4° Peu de jours après, le 12 mars, des personnes inconnues se permettent, sur une de nos principales places, de troubler le repos public par des vociférations horribles, dont le refrain est *Vive la République! A bas le Roi!* La police n'envoie aucun de ses agents pour faire cesser le désordre. L'autorité militaire seule fait quelques démonstrations; et lorsque la justice prend des informations, cette même police témoigne de son impuissance à faire connaître les auteurs de l'infraction. Il est évident pour tous que sans la vigilance de la magistrature, on aurait eu à déplorer la continuation du même scandale et de désordres plus graves.

5° Le 25 mars, M. l'avocat C.-M. Raymond, directeur du *Courrier des Alpes*, est insulté publiquement et en plein jour, à l'occasion d'un article de son journal, dans lequel il venait de blâmer avec raison le discours fait à Paris à M. de Lamartine, au nom de quelques soi-disant Savoisiens. M. Raymond est de plus menacé d'un *charivari monstre*. L'Intendant-Général est prévenu, et cependant aucun moyen n'est mis en usage pour empêcher ce mouvement anti-national. Au moment du désordre, pas un agent de la police ne se trouve sur les lieux pour prêter son concours légal à la Garde civique, qui reste impuissante, même pour arrêter les dévastations les plus graves de la propriété de ce citoyen honorable, dont la vie même est menacée; et lorsque la justice informe, cette police ne peut encore désigner personne.

6° On a déjà vu qu'au moment où la cohorte envahissante, après s'être organisée publiquement à Lyon, avec le projet arrêté de changer l'état de choses en Savoie, s'était mise en marche, notre gouvernement retirait toutes ses troupes, infanterie, cavalerie, artillerie, et le plus grand nombre des carabiniers et des douaniers.

7° Des proclamations du commissaire du gouvernement provisoire à Lyon, annonçaient l'envoi de nombreuses troupes à la frontière, avec mission de réparer les torts anciens que la France avait subis. On rappelait à ces soldats les succès de leurs devanciers, les phalanges de 1792. *(Voir n° 18.)*

8° Pour compléter ce tableau, il faut dire que plusieurs Savoisiens s'étant présentés au consulat de S. M., à Lyon, avaient reçu pour toute réponse ces mots bien significatifs : *Le consulat sarde n'a plus à s'ingérer dans les affaires de la Savoie. Les passeports des Savoisiens n'ont plus besoin d'être visés par lui. (Voir pièces, n° 19.)*

Ces faits répandus et commentés dans le public, y avaient produit cette opinion, bien arrêtée pour un grand nombre, que la lutte à engager avec la colonne d'invasion serait honorable à coup sûr, mais inutile pour la défense de la ville.

9° Des correspondances de Lyon annonçaient même qu'une dépêche télégraphique portait la cession de la Savoie à la France, contre une armée française qui irait concourir à la délivrance de l'Italie.

On peut consulter pour plus amples documents à cet égard les divers journaux de Lyon des 27, 28, 29 et 30 mars 1848.

Les inductions tirées de toutes ces circonstances, étaient corroborées, auprès du public, par plus d'un acte qui semblait les confirmer. Ainsi, par exemple, plusieurs jours auparavant les équipages de S. Exc. le Gouverneur étaient expédiés en plein jour sur la route du Piémont. Lui-même faisait ses adieux dans sa proclamation du 1er avril. *(Voir pièces jointes, n° 9.)* On savait enfin qu'une lettre adressée le même jour par le Gouverneur à S. Exc. le Président de la cour d'appel et à tous les chefs d'administration, les invitait à se retirer. *(Voir pièces justificatives, n° 20.)*

Dans cette position des choses, comment le Conseil pouvait-il raisonnablement compter sur cet élan unanime de la population, sur ce concert de tous, essentiellement nécessaire au succès d'une résistance active? Comment aurait-il osé risquer la vie et les intérêts de ses administrés? Le Conseil avait-il en son pouvoir les moyens de paralyser l'opinion que tant de circonstances avaient fait surgir dans le public, opinion qui tuait la résistance en en prouvant l'inutilité, même en cas de succès?

Mais il faut revenir au récit des faits depuis le départ de S. Exc. le Gouverneur. L'Administration de la ville a eu à sa disposition 1,305 fusils qui étaient aux casernes, et dont les cheminées n'étaient pas forées. Ces armes, il faut le dire, avaient déjà été offertes à la ville par S. Exc. le Gouverneur les jours précédents. Quatre cents de ces fusils ont été prêtés à la ville d'Annecy sur sa demande. Grande partie du surplus a été distribuée, soit à la Garde nationale, soit à d'autres particuliers. Cette mesure avait pour but d'enlever aux ennemis des moyens d'action, et d'augmenter la force du pays, soit contre le pillage, soit à l'appui de telle détermination qu'il écherrait de prendre. Elle n'a pas peu contribué, on le comprend, au succès de la journée du 4 avril ; les fusils non troués n'étaient pas moins une arme imposante et même terrible dans les luttes corps à corps.

Le 3 avril, au matin, le Conseil reçut divers avis annonçant l'arrivée de la colonne par la Motte-Servolex et par la Boisse. Vers les six heures, l'entrepreneur des fournitures militaires est venu annoncer qu'il avait reçu ordre de préparer trois mille rations pour un corps de notre armée qui devait arriver prochainement au secours de Chambéry. Le Conseil, puisant dans cet avis un nouvel espoir de salut, pria M. Vuagnat, l'un de ses membres, de courir au-devant de la colonne pour expliquer aux chefs qui la conduisaient, que c'était là encore un autre motif pour renoncer à leurs folles tentatives. M. Vuagnat, bravant le danger d'une semblable mission, voulut bien s'en charger, et alla jusques près de Bissy pour la remplir. Il expliqua ce dont il s'agissait ; mais personne ne voulut y croire. Au contraire, les prévisions que M. Vuagnat exprimait avant son départ se réalisèrent. Il fut considéré comme espion, et placé en tête de l'avant-garde, le capitaine des *Voraces* mit à côté de lui un homme armé d'un pistolet, et lui donna ordre de faire sauter la cervelle à M. Vuagnat, s'il s'apercevait du moindre signe d'intelligence hostile à la colonne.

C'est dans cette position que M. Vuagnat a traversé la ville au milieu de l'avant-garde, courant à chaque instant le danger de perdre la vie, et s'exposant de plus à la haine de ses concitoyens, qui pouvaient le prendre pour un affilié des envahisseurs.

Vers les neuf heures du matin, on vit déboucher sur les Boulevards un détachement de 150 hommes environ. Cette troupe s'est portée de suite au pont de la Garatte.

Une demi-heure après, arriva la colonne principale dont une partie se dirigea sur la caserne, dont elle s'est emparée; une autre partie s'est disséminée dans divers quartiers; le reste s'est réuni sur la place de l'Hôtel-de-Ville, ayant ses tambours en tête; la troupe s'est rangée en bataille sous les ordres du commandant. Alors est sorti des rangs un homme portant au bras une écharpe tricolore; et cet individu, reconnu pour être le nommé Peyssard, s'est mis à la tête de 50 hommes, avec lesquels il s'est emparé du corps-de-garde de l'Hôtel-de-Ville, et a désarmé les citoyens qui y étaient de poste. Ce mode d'agir était une violation flagrante des promesses faites à deux heures du matin au *Pont-Rouge*, aux délégués de la ville. Le désarmement subi fut une conséquence nécessaire de la détermination prise de ne pas opposer de résistance à une force majeure, lorsqu'elle aurait pu amener une collision immédiate et sanglante.

Après cette opération, Peyssard se présenta dans

la grande salle où se trouvait le Conseil ; et il s'annonça à haute voix en ces termes : *Messieurs, je suis le capitaine Peyssard, délégué par le commandant de la colonne, pour prendre possession de l'Hôtel-de-Ville, au nom de la République.* Un morne silence du Conseil accueillit cette déclaration. Seulement M. le comte de Quincy, Syndic, déclara, au nom du Conseil, que l'Administration ne cédait qu'à la force ; mais qu'il lui restait à rappeler les promesses faites aux délégués de la ville par les chefs de la colonne d'invasion, promesses d'après lesquelles on avait droit de compter que les personnes, les propriétés et les monuments seraient sauvegardés et respectés. A cela, le sieur Peyssard levant la main, répondit : *Je le jure sur l'honneur.*

Cinq minutes après, le même Peyssard rentra dans la salle, suivi de plusieurs de ses gens porteurs de drapeaux aux couleurs de la République française. Il notifia au Conseil qu'il allait arborer le drapeau qu'il portait, et le placer au balcon. Il s'y est dirigé aussitôt, suivi de ses gens en grand nombre, et là, le drapeau tricolore a été hissé aux cris par eux répétés de : *Vive la République !* Le petit nombre de citoyens qui se trouvaient sur la place de l'Hôtel-de-Ville, ont répondu par les cris de : *Vive le Roi ! vive la Savoie !* Alors Peyssard a fait une espèce d'allocution à la foule pour lui démontrer l'avantage du nouveau régime qu'il apportait ; mais aucune sympathie n'a accueilli ce discours. Disons ici qu'une protestation bien autrement énergique, se trouve dans ce fait que le drapeau national placé sur la fontaine de Lans, et celui de la colonne monumentale, n'ont pas cessé de flotter, en vue de toute la tourbe républicaine. Celle-ci a bien compris que toute atteinte qu'elle y aurait portée, serait le signal d'une lutte à mort avec les habitants.

Après cette expédition, Peyssard est entré dans la grande salle du Conseil, laissant à la porte ses gens armés. Il a notifié au Conseil que ses fonctions ayant cessé, il eût à se retirer. Le Conseil, après avoir itérativement protesté qu'il ne céderait qu'à la force, fut obligé d'évacué l'Hôtel-de-Ville, car le péristyle et l'escalier étaient déjà garnis d'hommes armés.

La population n'a pas gardé longtemps l'attitude qu'elle s'était imposée, les illusions et les erreurs propagées par la malveillance se sont dissipées peu à peu, la proclamation émanée de la cour d'appel avait contribué à raffermir les esprits. *(Voir pièces, nos 21 à 24.)* Aussi, pendant la journée du 3, on a vu de nombreux groupes d'ouvriers et de gardes nationaux se former dans différents quartiers. Vers le soir, l'exaspération était à son comble, de nombreux cris de : *Vive le Roi! vive la Savoie!* se faisaient entendre, et déjà on voulait tenter le sort des armes pour expulser les envahisseurs. Mais les citoyens calmes et réfléchis, pressentant qu'une lutte engagée pendant la nuit pourrait avoir des suites terribles, parvinrent avec peine à calmer l'effervescence de la population. Tout le monde rentra chez soi ; on passa la nuit sur le *qui vive*; les envahisseurs firent de nombreuses patrouilles dans la ville. Le faubourg de Maché, seul, par sa contenance et par sa fermeté, a empêché qu'elles ne pénétrassent dans ses rues.

Dès le point du jour du 4 avril, l'effervescence s'étant accrue encore, la lutte n'a pas tardé à s'engager. Au bruit du tocsin de toutes les églises, les citoyens en armes se sont jetés sur tous les postes, qui ont été enlevés malgré la résistance de ceux qui les tenaient ; celui des deux poudrières, situé hors ville, a été abandonné par les envahisseurs avant que les citoyens fussent allés les en chasser.

La caserne a été cernée par le peuple, là, une vive fusillade s'est engagée, des feux roulants sont partis d'abord de la porte et ensuite des fenêtres de la caserne, les citoyens y ont riposté, ils gardaient les murs d'enceinte, et bientôt les chefs de l'invasion, qui avaient demandé à capituler, sont arrivés à la caserne sous la conduite et la sauvegarde de deux officiers de la garde civique et d'un autre citoyen de la ville. Le feu a encore duré quelques instants. Successivement plusieurs gardes nationaux, pompiers, gardes-de-sûreté et autres citoyens sont entrés dans la caserne et ont exigé que les envahisseurs posassent les armes, faute de quoi, ils seraient anéantis ; les armes ont été rendues, et aussitôt la Milice communale a conduit soit au manége, soit dans la caserne de cavalerie, soit au collége, soit dans la vieille église de Maché, les prisonniers au nombre de 950 et plus. Les chefs de l'expédition ont été déposés aux prisons pour y être à la disposition de la justice. Tout a été fait en chantant des hymnes nationaux et aux cris, mille fois répétés, de *vive le Roi, vive la Savoie !*

Cependant, la lutte terminée en ville, se continuait sur la route de Turin. Des détachements de garde nationale se sont portés par le faubourg Montmélian et par le chemin du Colombier, vers le couvent des capucins où était un corps-de-garde, et vers le pont de la Garatte où se trouvaient les postes avancés tenus par les *Voraces*. C'est dans cette expédition que le brave milicien Nicolas Alisan a été tué près de l'hospice de St-Benoît. La résistance a été opiniâtre, mais l'attaque, bien dirigée et vivement soutenue, a surmonté tous les obstacles. Ces divers postes ont été désarmés, les hommes ont été faits prisonniers ou ont pris la fuite. Plusieurs ont été arrêtés dans les campagnes et ramenés à Chambéry. En somme, et d'après les renseignements actuels, les citoyens ont perdu deux hommes, l'un en ville, l'autre à la campagne. Les envahisseurs ont eu quatre hommes tués en ville, et à peu près autant à la campagne. Les citoyens ont pris dix-huit drapeaux, dont sept ont été déposés à l'Hôtel-de-Ville. Les blessés, au nombre de vingt-neuf, ont été transportés à l'hôpital. Ils y ont reçu les soins les plus empressés.

Il faut constater que tout le monde a pris part à cette lutte, la magistrature, les Conseillers de ville, les Miliciens et leurs officiers de tous grades, les Pompiers et Gardes-de-Sûreté et leurs officiers, les propriétaires, les artisans, les ouvriers, tous ensemble et par un concert unanime, ont rendu impossible une plus longue résistance de l'ennemi; ainsi s'expliquent le petit nombre de victimes et l'importance des résultats obtenus.

La population s'est levée comme un seul homme, et tout a cédé devant elle; calme après la victoire, son premier cri fut un cri de clémence et de miséricorde pour des malheureux égarés que la perfidie avait conduits à douter du dévoûment et de la fidélité des Savoisiens.

Il faut rappeler en outre que le tocsin de nos clochers provoqua la même alarme dans les communes environnantes. Aussi, lorsque déjà la victoire était aux mains du peuple de Chambéry, les habitants des campagnes, en cohortes innombrables, sont venus offrir leur appui à leurs frères de cette ville : grâces leur soient rendues pour leur zèle et leur dévoûment !

Dès que la lutte a été engagée, c'est-à-dire dès les six heures du matin, sur la demande du Comité d'administration provisoire, quelques membres du Conseil sont venus, sous la présidence de M. le syndic de ville de Quincy, reprendre la direction des affaires et, dès-lors, le Conseil réuni, a donné toutes les dispositions opportunes. *(Voir la pièce justificative, n° 25.)*

Honneur aux braves qui ont combattu pour la patrie aux cris de *vive le Roi! vive la Savoie!* Cette victoire des habitants de Chambéry prouvera à tout jamais que les Savoisiens portent à juste titre le nom de fils aînés de Charles-Albert, et qu'ils savent apprécier tout l'avenir que leur assure la Constitution qui leur a été octroyée, et les avantages de l'union Italienne.

Vive le Roi !

Vive la Constitution !

Vive l'Italie !

Pour compléter ce récit, il faut ajouter que l'Hôtel-de-Ville n'a pas subi de dégats pendant l'invasion ; seulement, comme les envahisseurs savaient d'avance qu'un certain nombre de fusils y étaient renfermés et que ces armes étaient dans les combles, ils s'en sont emparés en brisant la porte qui y conduit.

Afin d'éviter un pillage ou d'autres vexations, l'administration avait dû prendre des mesures pour que, à l'arrivée de la colonne, les envahisseurs trouvassent du pain, du vin, du fromage et de la viande ; quant au surplus de la nourriture qui a été consommée, ils l'ont acheté eux-mêmes au moyen de bons qu'ils ont remis en échange.

Pendant les vingt-deux heures de leur séjour, les chefs de l'expédition ont fait des visites dans quelques maisons pour y chercher des armes ; ils ont fait disparaitre ou détruit les armes royales qui étaient au-devant des établissement publics ; ils ont cherché à se faire remettre les clefs de la Trésorerie, où était déposée une somme de 522,267 livres 79 centimes ; ils en étaient encore aux simples réquisitions auprès de M. le marquis de Faverges, conseiller d'intendance, lorsqu'ils en ont reçu la protestation du 3 avril. *(Voir pièces, n° 25.)*

Sans doute, si le temps le leur eût permis, ils auraient vaincu par la force le faible obstacle qui s'opposait à ce qu'ils s'emparassent d'un aussi riche butin. Le Comité provisoire d'administration est venu, lui aussi, en aide, dans cette circonstance, aux intérêts du gouvernement du Roi, et il a usé de toute son influence pour garantir les personnes et les propriétés de tous les sinistres projets dont la ville était menacée. *(Voir son compte-rendu, n° 26.)*

Enfin, il faut consigner que, sur les réquisitions de Peyssard, onze détenus ont été mis en liberté. *(Voir pièces, n° 27.)*

Cependant, les projets de la colonne envahissante avaient été portés à la connaissance de S. A. S. Mgr le Lieutenant - Général et au Conseil des ministres. Des mesures furent prises, le 2 avril, pour faire rétrograder, en toute hâte, les troupes qui étaient en Maurienne.

Le 3, S. A. S. faisait partir pour Chambéry S. Exc. le ministre des travaux publics, afin qu'il vit par lui-même l'état des choses.

Le même jour, le Prince lieutenant-général fit une proclamation. (*Voir pièces, n° 28.*)

Toutes les provinces témoignaient de leur répulsion pour le nouvel ordre de choses qu'on prétendait nous imposer.

Aussi, lorsque le tocsin de la métropole eût donné le signal d'alarmes, le 4, à six heures et demie, il fut répété de proche en proche jusques aux confins du lac Léman et dans les plus hautes communes.

Toute la population s'est réunie en armes et serait venue en aide à la ville de Chambéry, si elle n'avait pu, elle seule, se débarrasser de cette horde qui s'en était emparée dans un moment de stupeur.

Il serait impossible de citer, dans cette notice, tous les actes de courage et de civisme qui se sont opérés dans cette journée mémorable, il faudrait nommer tous les citoyens ; sans doute, dans le nombre, quelques-uns ont contribué d'une manière plus active à la victoire. Une Commission, nommée par le Conseil, s'occupe de recueillir les faits, et ils seront signalés à l'autorité ; mais pour ne pas faire des équivoques et ne rien oublier, il faut du temps et de sérieuses investigations ; ce travail sera sans doute publié. On se borne, quant à ce moment, à signaler que déjà S. M. a décoré M. le médecin C. Mollard de la croix de St-Maurice, pour avoir, lui, tout le premier, appelé les citoyens aux armes, en présence même des chefs de cette bande d'oppresseurs. *(Voir pièces, n° 29.)*

De toutes parts, la ville de Chambéry reçoit des félicitations sur l'heureuse issue de la lutte qu'elle a soutenue; non-seulement nos provinces de Savoie, mais encore nos compatriotes de Paris donnent des témoignages irrécusables du bonheur qu'ils éprouvent de voir la croix blanche de Savoie briller d'un nouvel éclat au milieu de nous. Les villes et les provinces d'au-delà des monts ont, par un accord unanime, témoigné de leur bonheur et fait parvenir à ce Conseil-général leurs félicitations pour l'heureuse issue de la journée du 4.

Mais revenons aux événements : nous avons déjà vu que, le 4 avril au matin, MM. les Syndics et les Conseillers se sont rendus à l'Hôtel-de-Ville sur l'invitation du Comité provisoire qui avait été constitué la veille, et y a donné toutes les directions pour sauvegarder les prisonniers, et les effets saisis en leur pouvoir.

Il s'est hâté d'expédier des commissaires auprès de S. Exc. le Gouverneur pour le prévenir de l'heureuse réussite du combat et le prier de hâter l'arrivée des troupes. Il a fait publier une proclamation pour remercier les citoyens. *(Voyez pièces, n° 30.)*

Il a convoqué la Milice communale, les Gardes-Pompiers et de Sûreté au Verney, où M. le comte de Quincy leur a fait une allocution appropriée à la circonstance. *(Voyez pièces, n° 31.)*

Il a fait transporter à l'hôpital les blessés, et pris

des moyens pour assurer non-seulement la garde des prisonniers, mais encore leur subsistance. Les soins les plus empressés leur ont été donnés, et les secours de tous genres leur ont été prodigués. Mgr l'Archevêque les a visités le 5 avril; il leur a non-seulement porté des paroles de consolation et d'encouragement, mais il a laissé à M. l'Aumônier des sommes suffisantes pour leur procurer à tous les moyens de rentrer chez eux. *(Voir pièces, n° 40.)*

Dans la soirée du 4, S. Exc. le Gouverneur est rentré en ville à la tête du 15ᵉ régiment qui, dans les journées des 2, 3 et 4 avril, avait parcouru, presque à la course, la distance qui nous sépare du Mont-Cenis. Cette force était portée à près de 1,750 hommes par l'adjonction des dépôts de Piémont et de Pignerol. L'entrée de ces braves a été accueillie par les cris mille fois répétés de vive le Roi! vive l'union Italienne! auxquels ils répondaient par ceux de vive la Savoie! vive Chambéry! Dans cette circonstance on a aussi entendu des cris de vive le Gouverneur!

Le soir du même jour, à neuf heures, un bataillon du 15ᵉ régiment (Savonne), le dépôt de Piémont et celui de Pignerol sont venus bivouaquer sous les portiques. M. de Boigne leur a envoyé un tonneau de vin qui a été distribué de suite. La ville en a fait arriver un second qui n'a été vidé qu'à moitié; on leur a en outre distribué de la paille pour se coucher.

L'autre portion de la troupe est entrée dans la caserne d'infanterie, où elle a trouvé du pain, près de deux tonneaux de vin et de la viande, qui sont restés à sa disposition. L'état de dégradation et surtout de malpropreté dans lequel les envahisseurs avaient laissé le quartier où ils avaient stationné, et que le temps n'avait pas permis de remettre en état, ont laissé le regret de ne pouvoir y loger toute la troupe le premier soir.

Le lendemain 5, la Milice urbaine a remis à la troupe la plupart des postes qui lui étaient confiés, elle ne s'est réservé que la garde de l'Hôtel-de-Ville.

Le même jour, le Conseil a concédé à perpétuité, une place au cimetière pour la tombe du milicien Nicolas Alisan, a déterminé qu'une députation du Conseil, composée de cinq membres, assisterait à sa sépulture, et a accordé à sa veuve une pension viagère de 300 livres.

Une souscription a été immédiatement ouverte au profit des victimes de l'invasion, elle dépasse 4,000 liv.; la haute magistrature en a ouvert une de son côté, le produit a atteint la somme de 1,535 liv. L'intendance-générale, sur la demande de la Cour d'appel, a accordé, sur le trésor, une gratification de 500 liv. à la veuve Alisan.

La sépulture d'Alisan a eu lieu le 6; la Milice communale toute entière, les Gardes-Pompiers et de Sûreté y ont assisté, toutes les notabilités de la ville ont suivi le convoi, les chanoines en habits de chœur, les ecclésiastiques en grand nombre, ont honoré, par leur présence, la mémoire de ce citoyen. Les frais de la sépulture ont été faits par la fabrique de l'église métropolitaine.

Dans la journée du 5 avril, S. Exc. le chevalier Des Ambrois est arrivé en cette ville, en qualité de ministre extraordinaire de S. M.; il s'était annoncé par une proclamation portant la date de Turin, du 3 avril. *(Voir pièces, n° 31.)*

Il a applaudi aux succès du 4 avril, par une autre proclamation du 6 avril. *(Voir pièces, n° 32.)*

Il a donné une vive impulsion aux travaux publics qui étaient ajournés; c'est ainsi que la démolition de l'ancien palais de justice a été ordonnée, pour faire place au nouvel édifice qui doit être construit. Il a pris des mesures pour que la ville pût faire procéder à l'adjudication de la nouvelle manutention.

Il a autorisé le Conseil-général de Charité à acquérir, dans la plaine de Bassens, le terrain nécessaire à l'établissement de l'hospice des aliénés.

Il a promis le concours du gouvernement pour l'ouverture d'une rue dans le bas Maché, dont la conduite a été si louable. *(Voir pièces justificatives, n°ˢ 33 et 34.)*

M. le marquis de Faverges, conseiller d'intendance, seule autorité administrative supérieure qui fût restée à son poste, à Chambéry, les 3 et 4 avril, a, de son côté, rendu compte des faits à S. A. S. le lieutenant-général par une dépêche confiée à une estafette. Le pli fut retenu sur la route par le Gouverneur, qui sans doute l'aura fait parvenir plus tard. Il nous est pénible de dire que le premier acte auquel le Gouverneur se livra à son retour à Chambéry, fut la mise aux arrêts de M. de Faverges, qui, fidèle écho de l'opinion publique, avait cru devoir écrire à S. A. S. qu'il y avait urgence à remplacer le Gouverneur et l'Intendant-Général. Cependant, mieux avisé pendant la nuit et sur les représentations d'hommes sages et prudents, le Gouverneur révoqua les arrêts le 5 avril, de bonne heure.

Le 6 avril, S. A. S. le prince de Savoie-Carignan, lieutenant-général de S. M., témoignait sa satisfaction aux habitants de la Savoie, par une proclamation. *(Voir pièces, n° 35.)*

Le 7 avril, le Conseil-général avait nommé une commission pour rédiger le compte administratif de ses actes, pendant ces longues journées qui ont précédé le glorieux réveil du 4 avril.

A sa réunion du 9, il en a entendu le rapport qui a été consigné dans ses registres ; successivement, après avoir reçu communication de l'exposé des faits qui se sont passés à l'Hôtel-de-Ville, dès le 3 avril à dix heures du matin, jusqu'au 4 à sept heures du matin, *(Voir pièces, n° 26.)* il s'est fait un devoir de déclarer que les citoyens qui s'étaient occupés de la chose publique dans cette circonstance, avaient bien et dignement rempli la mission qui leur était imposée, et les en a remer-

ciés au nom de la ville de Chambéry. *(Voir pièces,
n° 36.)*

Dans cette même journée, M. le baron Demar-
gherita et le comte Cossilla, décurions de la ville
de Turin, se sont présentés chez M. le comte de
Quincy, syndic de Chambéry, et lui ont fait connaître qu'ils étaient chargés, par le corps décurional de la capitale, de témoigner, aux habitants
de Chambéry et de la Savoie, toute la joie que la
ville de Turin avait ressentie de l'heureux résultat
des journées qui venaient de s'écouler.

M. de Quincy a immédiatement convoqué, pour
sept heures du soir, le Conseil-général et MM. les
capitaines et lieutenants de la Milice communale,
ainsi que le chef et les capitaines de la compagnie
des Pompiers et de Sûreté.

Le Conseil se trouvant dans la grande salle à
l'heure convenue, une députation est allée prendre
à leur hôtel MM. les délégués, qui, introduits,
ont été placés entre MM. les Syndics, et qui,
après avoir lu la belle et chaleureuse adresse
de la ville de Turin, du 7 avril, *(Voir pièces,
n° 37.)* ont ajouté tour-à-tour, par des paroles
pleines de patriotisme et de sentiments royalistes,
que la Savoie venait, dans cette circonstance, de
sceller, d'une manière toujours plus indissoluble,
son union à la cause Italienne. M. le Syndic les a
remerciés des paroles flatteuses qu'ils venaient de
proférer, et a dit combien le Conseil de ville était
pénétré de reconnaissance pour les félicitations

qu'ils apportaient de la part de la ville de **Turin**. Il a protesté de tout le bonheur qu'éprouverait non-seulement la ville de Chambéry, mais encore toute la Savoie de cette demarche officielle. *(Voir pièces, n° 38.)* Le Conseil a pris lui-même une délibération pour faire connaître à toute la Savoie les sympathies du Corps Décurional de la ville de Turin. *(Voir pièces, n° 39.)*

M. le Syndic a prié les députés de vouloir bien accepter un dîner que le Conseil-général se trouverait heureux de leur offrir le lendemain, pour fêter leur arrivée au milieu de nous. Ces Messieurs ayant bien voulu adhérer à cette invitation, neuf officiers de la Milice urbaine et douze Conseillers de ville ont été désignés pour y assister. Le banquet a eu lieu le 10, à l'hôtel de la Poste, vers les six heures du soir, la plus franche cordialité a régné dans l'assemblée, les divers toast ont été portés aux acclamations de : Vive le Roi ! Vive la ville de Turin ! Vive l'armée d'Italie ! pendant tout le repas, la musique urbaine a joué dans la cour de l'hôtel, où s'était réunie une foule de citoyens de tout âge, de tout sexe et de toute condition.

Quant au sort qui a été fait aux nombreux prisonniers de la journée du 4, la Cour d'appel s'est saisie le même jour de l'affaire, elle a commis tous les assesseurs au tribunal et le juge du mandement pour procéder à l'audition de tous les individus qui, n'étant pas les chefs de l'expédition, pouvaient être mis en liberté ; déjà le 7 avril, 96

avaient profité de cet avantage ; le 8 , 127 ; le 9 ,
121 ; le 10 , 137 ; le 11 , 117 ; le 12 , 128 ; le 13 ,
111 ; dans ce nombre , se trouvent 205 Français.
Afin de garantir la sécurité des individus relâchés ,
et de mettre en même temps les communes rurales
à l'abri de toute tentative criminelle , il a été pris
les déterminations suivantes : La mise en liberté de
tous ces individus a été ordonnée sous la condition,
quant aux étrangers , qu'ils seraient conduits jusqu'à la frontière sous bonne escorte; quant aux
nationaux, que ceux qui seraient réclamés par leurs
parents , leur seraient rendus sur la déclaration
qu'ils en auraient faite devant M. le Juge du mandement de Chambéry , et que ceux qui n'auraient
pas été réclamés , seraient dirigés vers leurs communes respectives avec des feuilles de route adres-
sées aux Syndics de ces communes , qui devront
constater le jour et l'heure de leur arrivée , et en
donner immédiatement avis à M. l'Avocat-fiscal-
général. Il a encore été prescrit que cette feuille
de route servirait aux indigents pour être logés
et nourris par étapes , jusqu'à leur arrivée dans la
commune.

Une procédure régulière s'instruit contre les
chefs et la justice aura son cours : puisse la clémence royale intervenir après le jugement.

La Garde nationale de Chambéry a voulu faire
connaître à ses compatriotes de l'armée d'Italie, le
triomphe du 4 avril. *(Voir pièces, nº 40.)*

Tels sont les principaux faits relatifs à l'essai

tenté d'une République, tentative émanée d'hommes plus aveugles que criminels. On n'a point voulu récriminer contre les fonctionnaires chargés de sauvegarder le pays; car personne ne peut vouloir les juger avant de les avoir entendus. Les services qu'ils rendirent auparavant à l'Etat, exigent que, pour apprécier leur conduite lors des événements dont il s'agit, et pour la juger sainement, une enquête impartiale et sévère mette tout au grand jour.

Il appartient maintenant aux dépositaires de l'autorité publique de provoquer cette mesure.

Si la Savoie est restée sans forces disponibles contre l'aggression qui la menaçait, à qui la faute? Si le Conseil a vu s'implanter dans le public l'idée d'un abandon du pays par notre gouvernement et de sa cession à la France, est-ce le Conseil de Ville qui a fourni matière à de semblables inductions? Si cette opinion trop généralement accréditée devait recevoir un démenti authentique et formel, est-ce du Conseil-général qu'il pouvait partir? Si les forces et les moyens des aggresseurs ont été mal connus, n'appartenait-il pas aux autorités supérieures de savoir et de faire connaître la réalité de ces moyens? Comment taxerait-on de pusillanimité la prudence du Conseil ne disposant que de quelques centaines de citoyens de la ville imparfaitement armés, quand un général connu par sa bravoure et son expérience, à portée de savoir et de juger les forces de l'ennemi, aurait hésité, le 2 avril, à affronter les chances du combat, à la tête de troupes régulières qu'auraient aidées de nombreux volontaires ? *(Voir la pièce justificative n° 8, et la note qui l'accompagne.)*

Telles sont les questions qu'on doit se faire pour juger et apprécier les déterminations du Conseil-général de Chambéry ; les poser avec sincérité, c'est sans doute les résoudre en faveur de cette Administration.

Quoi qu'il en soit, la providence a sauvé le pays. Quels que soient les auteurs volontaires et involontaires de l'impasse où on l'avait jeté, l'esprit national et l'attachement au Roi, plus forts que l'erreur et l'intrigue, se sont fait jour. La Savoie a prouvé que son ancienne fidélité à ses Rois était toujours sa devise. Elle a prouvé qu'elle prenait au sérieux les institutions constitutionnelles récemment promulguées, et que si jamais, contre son gré, on voulait la séparer du Piémont, elle ferait valoir avec énergie ses droits et sa volonté. Elle a prouvé enfin que jamais on ne lui imposera un gouvernement qu'elle n'aurait pas librement adopté. Et c'est un grand pas pour un peuple que d'avoir le sentiment de sa force et d'en avoir fait la preuve.

Mais pourquoi songer à des éventualités désormais impossibles ? Notre Roi n'a-t-il pas scellé plus irrévocablement encore les anciens liens qui nous unissent à lui, en choisissant, pour nous gouverner, un de nos frères et un des plus braves,

le général de Maugny, homme de cœur et d'action ?
Ne nous a-t-il pas adressé, par ce digne intermédiaire, ces touchantes et sublimes paroles que
contient la proclamation suivante, qui sera le dernier mot de cette narration ?

LE MAJOR-GÉNÉRAL

COMTE CLÉMENT DE MAUGNY,

Commandeur de l'ordre militaire des Ss. Maurice et Lazare,
etc., etc.

Aux habitants de la Savoie.

Chers Compatriotes,

Parti volontairement pour aller rejoindre notre
Armée en Lombardie, où j'espérais partager la
gloire et les dangers de mes anciens compagnons
d'armes, me voici, par la volonté du Roi, de
retour au milieu de vous.

Appelé, dans cette circonstance, à remplir provisoirement les fonctions de Gouverneur de la
Savoie, je suis heureux et fier d'avoir été choisi
pour faire connaître à mon pays la satisfaction et
la joie qui ont inondé le cœur paternel de S. M.
quand elle a connu les glorieux événements du
4 avril et la noble conduite de notre admirable
population.

Rien ne pourra rendre plus vivement la pensée

du Roi que les deux pièces suivantes, que je dois publier par son ordre.

ORDRE SPÉCIAL DE L'ARMÉE.

Du quartier-général-principal à Asola, 7 avril 1848.

Officiers et soldats de la brigade de Savoie,

En vous revoyant à mon quartier - général, j'éprouve le besoin, braves Savoyards, de vous dire combien je suis satisfait de vous, de vos compatriotes. Les témoignages d'affection que ceux-ci ont eu occasion de me donner dans les circonstances qui viennent de se présenter, ne s'effaceront jamais de mon cœur. Vous m'avez reconnu pour votre père, et je vous aimerai comme des enfants qui me sont plus que dévoués.

Soldats de la brigade de Savoie, votre contenance, votre attitude hardie et déterminée, me sont un sûr garant de votre valeur, en présence de l'ennemi; ainsi, aux Alpes comme au bord du Mincio, vous acquérez chaque jour de nouveaux droits à ma bienveillance.　　　CHARLES-ALBERT.

CHARLES-ALBERT,

Par la grâce de Dieu,

Roi de Sardaigne, de Chypre et de Jérusalem;
Duc de Savoie, de Gênes; Prince de Piémont, etc., etc.

Mon cher comte de Maugny,

Je ne puis assez vous exprimer, mon cher de

Maugny, combien j'ai apprécié la preuve de votre dévouement en accourant, ainsi que vous l'avez fait, à mes côtés, pour me suivre au-delà des frontières. Je dois cependant diriger votre zèle sur un autre point, ainsi que votre amour de la patrie.

La plus ancienne de nos provinces vient d'être exposée à de graves désordres, fomentés par des ingrats ou des inconnus; le bon sens et l'affection innée du peuple héroïque qui l'habite, n'ont pas tardé à mettre fin à cette inique tentative. J'éprouve le besoin de vous envoyer à vos compatriotes, pour que vous disiez partout et à tous combien elle sera ineffaçable dans mon souvenir.

Partez, hâtez-vous d'aller accomplir la mission que je vous donne. Je compte sur votre zèle et sur vos lumières pour coopérer avec toutes les autorités au soutien des récentes institutions par lesquelles je veux de plus en plus faire le bonheur de mes peuples. Je suis persuadé que, dans tout événement possible, votre appui contribuera à encourager chaque jour davantage tous les efforts des braves Savoisiens, et à réprimer, si elle se renouvelait, une tentative quelconque, qui ne pourrait être qu'inconcevable.

Recevez l'expression de ma royale bienveillance.

Du quartier-général, à Castiglione, le 9 avril 1848.

CHARLES-ALBERT.

FRANZINI.

Habitants de la Savoie, il me serait impossible de vous peindre l'émotion vive et profonde avec laquelle le Roi me disait qu'il *tenait à la Savoie comme au berceau de sa famille, que jamais il ne l'abandonnerait, et que le premier besoin de son cœur, en rentrant dans ses Etats, serait de venir au milieu de vous, pour vous répéter lui-même ce qu'il me charge de vous dire en son nom!*

A nous donc, mes chers compatriotes, à nous l'honneur de lui conserver sa noble et fidèle Savoie à l'abri de tout événement qui tendrait à troubler la paix de nos montagnes, en portant atteinte à notre vieille nationalité! à nous le devoir sacré de respecter ceux qui nous respectent, de nous défendre contre ceux qui nous attaquent! C'est notre droit.

Si l'on abusait encore de la crédulité de quelques malheureux pour les jeter de nouveau sur la terre classique de la liberté, soyons prêts à prouver ce que sait faire, quand on l'outrage, un peuple aussi brave que loyal, aussi fier que doux et paisible.

Des mesures sont prises pour la sûreté du pays; des instructions à cet égard vont être données immédiatement à toutes les communes; et, si de nouveaux dangers nous menaçaient, vous me verriez à votre tête; nos braves troupes de ligne combattraient à vos côtés, et tous ensemble, en défendant le trône et la Constitution, nous saurions protéger les familles et les intérêts les plus chers de nos frères de la Savoie qui combattent en si grand nombre aux bords du Mincio, sous l'étendard de la croix blanche.

Que notre cri de réunion soit comme le leur :

Vive le Roi! Vive la Constitution! Vive la fidèle Savoie!

DE MAUGNY.

Chambéry, 16 avril 1848.

NOTA. — Sous les numéros 42 et suivants, se trouvent classées les proclamations ainsi que les circulaires émanées du Gouverneur et de l'Intendant-Général jusqu'à leur départ.

Pour faire connaitre toute la vérité, on a réuni à la fin tous les témoignages qui ont été publiés relativement à la manière dont les prisonniers de guerre ont été traités pendant leur captivité, et les divers actes publiés par les envahisseurs.

Les indications relatives aux morts et aux blessés de la bande envahissante, sont consignées dans la pièce n° 41.

Par délibération du 25 avril 1848, le Conseil-général de la ville de Chambéry, après avoir entendu la lecture de ce précis historique rédigé par ses ordres, l'a approuvé, et en a arrêté l'impression et la publication.

PIÈCES JUSTIFICATIVES

ET NOTES SUPPLÉMENTAIRES.

N° 1.

Du 30 mars 1848, à neuf heures du matin.

Le Conseil de Ville, réuni sous la présidence de M. le baron Sappa, intendant-général, eu égard à la gravité des circonstances, a déterminé que les capitaines et lieutenants de la Milice communale, ainsi que le commandant de la compagnie des Pompiers et de la Garde-de-Sûreté et leurs capitaines, seraient appelés à faire partie du Conseil pour prendre part à toutes ses délibérations.

N° 2.

LE CONSEIL GÉNÉRAL

DE LA VILLE DE CHAMBÉRY

Nouvellement constitué.

Concitoyens !

La ville est sans troupes régulières.

Celles qui naguères étaient au milieu de nous ont volé au secours de leurs frères d'Italie.

Les enfants de notre Savoie combattent sous les mêmes drapeaux ; ils versent aujourd'hui leur sang pour la cause de la nationalité et de l'indépendance italiennes. Charles-Albert marche à leur tête ; il combat pour assurer le triomphe des peuples !

Que tous les peuples, que tous les citoyens unissent donc leurs vœux pour le succès de ses armes !

Dans des circonstances aussi graves et aussi solennelles, lorsque le monde entier se penche vers l'avenir pour lire quelques instants plus tôt cette page de la vie des peuples qui s'écrit sous leurs yeux, un impérieux devoir pèse sur chaque citoyen, sur chaque soldat de la liberté.

Tous doivent attendre avec anxiété, attendre cependant avec le calme et le recueillement qui précèdent les heures solennelles.

Que ceux surtout qui sont déjà libres, que ceux qui comme nous peuvent le devenir davantage encore, par l'usage des moyens légaux qui sont placés entre leurs mains, n'apportent aucune complication dans les événements politiques qui surgissent de toutes parts.

Savoisiens, concitoyens, ayons donc sans cesse devant les yeux la glorieuse tâche que CHARLES-ALBERT poursuit dans les plaines de l'Italie, et qu'en jetant ses regards en-deçà des Alpes, il voie l'ordre général régner parmi nous, et puisse ainsi conserver toute la liberté de ses généreux efforts.

Des rumeurs nous disent qu'un grand nombre d'ouvriers quittent les villes de France les plus voisines de nos frontières et s'avancent au milieu de nous.

Ce sont, nous le croyons, des enfants de la patrie qui rentrent dans son sein ; elle leur ouvrira ses bras et leur tendra la main pour les conduire jusqu'au foyer domestique.

Dès qu'ils quittent le sol généreux qui leur donnait asile, dès que la France ne conserve plus chez elle que ses seuls enfants, c'est qu'il ne dépend pas aujourd'hui de cette noble terre de continuer au monde la splendide hospitalité qu'elle lui a toujours donnée.

Généreux concitoyens,

Si jamais les événements devaient amener notre séparation des Etats dont nous faisons aujourd'hui partie, il n'appartiendrait qu'aux Savoisiens réunis de prononcer sur leur sort.

Personne n'a le droit ni le pouvoir de leur imposer un Gouvernement qui ne serait pas l'expression de leur volonté librement émise et librement recueillie.

L'avenir des peuples ne peut plus dépendre que d'eux-mêmes.

Tout peuple libre est grand ; il pèse d'un poids égal dans la régénération du monde.

Ordre ! Union ! Courage !

Chambéry, le 31 mars 1848.

N° 3.

DÉCLARATION DE M. ARNAUD.

Le 31 mars 1848, vers les neuf heures du matin, je fus accosté sur la place de l'Octogone par M. le baron de Châtillon. Après quelques réflexions sur la position critique de la Savoie, nous en vînmes à dire qu'avec de l'activité et du savoir-faire, on pourrait avoir pour la défense de la ville et des institutions nationales toutes les troupes qui alors devaient être à Lanslebourg, et que l'on

portait à environ 800 hommes. M. de Châtillon me posa
cette question : « Dans combien de temps pensez-vous
« qu'avec une organisation telle que vous la concevriez,
« l'on pourrait rendre ici ces 800 hommes ? » Ma réponse fut : vingt-quatre heures ; douze heures pour les
préparatifs, et douze heures pour l'exécution. Vous char-
geriez-vous de procurer ce résultat ? me dit M. de Châtillon. Ma réponse ayant été affirmative, je fus invité à
me rendre incontinent chez M. le Gouverneur, pour lui
faire des propositions à ce sujet ; M. de Châtillon m'y con-
duisit.

Nous nous fîmes annoncer ; M. le commandant Fontana
fut envoyé pour nous recevoir ; c'est à lui que M. de
Châtillon porta la parole sur les offres que je venais faire
et qui furent immédiatement communiquées à S. Exc. le
Gouverneur par M. Fontana.

Son Excellence parut au bout d'un quart-d'heure environ, pour me remercier de l'offre patriotique que je venais de lui faire porter, et pour me dire que cette offre
ayant été déférée à l'autorité municipale, celle-ci avait
été d'avis de ne pas l'accueillir, en raison des graves in-
convénients qui résulteraient inévitablement de la présence des troupes dans les circonstances actuelles.

(Son Excellence nous affirma que M. de Quincy était
en ce moment au Château ; mais nous n'eûmes pas l'honneur de voir M. de Quincy, n'ayant pas été introduits
dans le cabinet du Gouverneur).

Je me retirai du gouvernement et partis immédiatement pour ma campagne, située à Montagnole, où j'étais
disposé à me fixer pendant quelques jours.

Vers les onze heures du soir, j'entendis frapper à ma
porte : c'était un homme de Montagnole qui venait me

---

* Je nie de la manière la plus formelle d'avoir eu directement ou
indirectement aucune part aux mesures que le gouvernement a cru
devoir prendre dans la circonstance dont il s'agit.   A. DE QUINCY.

faire savoir que j'étais attendu dans la maison Vissol,
par deux personnes venues de Chambéry, avec lesquelles
j'avais à me rendre au Château sans retard. Je m'habillai,
me rendis chez M. Vissol, mon beau-père, et me trouvai
en présence de MM. Besson, docteur médecin, et Déna-
riez, avocat. Ces Messieurs m'expliquèrent que j'étais
attendu au gouvernement et que j'avais à m'y transporter de suite. Nous partîmes et nous arrivâmes auprès de
Son Excellence, vers minuit.

M. le Gouverneur me porta la parole en ces termes :

« M. Arnaud, vous vous êtes offert ce matin pour or-
« ganiser le transport des troupes qui se trouvent actuel-
« lement dans la Maurienne pour se rendre à Chambéry ;
« seriez-vous encore dans les mêmes dispositions? » Ma
réponse fut affirmative, et j'ajoutai que j'avais besoin
d'une feuille du gouvernement, me conférant les pouvoirs de faire sur la route toutes réquisitions nécessaires.
—Dictez vous-même, me dit M. le Gouverneur, l'autorisation dont vous avez besoin ; M. Salina, qui est là,
l'écrira sous votre dictée.

Cette autorisation fut dictée et écrite à l'instant même.
M. le Gouverneur me la signa, me la remit et s'occupa
ensuite à écrire une lettre pour M. le capitaine, commandant le détachement auquel je devais offrir des
moyens de transport.

Pendant que cette lettre se rédigeait, je fus accosté
par une personne qui, à mon insu, s'était introduite
dans la pièce où nous étions. [1] Elle était vêtue d'une
blouse et d'une casquette, et portait un grand sabre au
côté. Cette personne me porta la parole en ces termes :

____

[1] M. Frumy, confiseur, de Chambéry.

« M. Arnaud, savez-vous bien ce que vous faites-là ;
« voyez-vous bien les conséquences et les suites de ce que
« vous allez faire ? quant à moi, je n'ai rien à vous dire ;
« vous ferez comme il vous plaira ; mais je crois que le
« résultat de ce que vous allez faire sera que la ville de
« Chambéry sera mise à feu et à sang, et au pillage ;
« que les campagnes seront brûlées et saccagées ; et
« quant à vous, Dieu veuille que votre tête ne soit pas
« mise à prix ! ! j'aurais pu me dispenser de vous dire
« cela ; mais entre gens de connaissance, j'ai cru pouvoir
« vous prévenir de la sorte : maintenant, agissez comme
« vous l'entendrez. »

Sans plus d'explications, je me tournai alors vers son
Excellence, et lui dis : « Excellence, ma pensée, en vous
« offrant de prêter mes soins pour le transport des trou-
« pes, était de faire un acte de bon civisme et de sauver
« la ville de Chambéry d'une grande humiliation et d'un
« malheur. On vient de me dire que je provoquerais des
« résultats tout contraires : avant d'aller plus loin, je
« désire que vous entendiez Monsieur qui est là ; vous me
« donnerez ensuite vos ordres. »

Le Monsieur fut prié de s'expliquer ; il débita quelques
mots à-peu-près inintelligibles, tendants à accréditer le
pressentiment d'un grave danger pour le cas où les
troupes viendraient à se trouver en face des ouvriers ;
et, son histoire une fois faite, M. le Gouverneur me re-
mercia pour la seconde fois, en me priant de lui restituer
la lettre d'autorisation dont j'étais déjà porteur.

Les expressions de remercîments de M. le Gouverneur
me parurent équivoques et supposer que je m'étais laissé
intimider par la pensée d'un danger personnel : je voulus
là-dessus des éclaircissements, et pour les obtenir,

j'adressai à M. le Gouverneur ces paroles, qui furent les dernières : « Excellence, je ne refuse pas la mission que « vous m'avez offerte ; mais dans les circonstances graves « qui vous préoccupent, j'ai voulu que vous n'ignoras- « siez rien de ce qui se débite autour de vous : ordonnez « maintenant, et dans vingt-quatre heures, vos troupes « sont là : » Je fus encore remercié.

J'ajouterai que dans les derniers pourparlers que j'eus l'honneur d'avoir avec son Excellence, il me vint la pensée de lui dire et je lui dis en effet, qu'elle pourrait, en faisant appeler M. Cerutti, inspecteur des postes, ou encore M. le directeur principal, aviser à tout moyen de transport accéléré qui pourrait devenir urgent en face des circonstances. Cette observation n'eût pas de réponse.

ARNAUD.

Chambéry, 17 avril 1848.

N° 4.

COPIE DE LA LETTRE

Ecrite par S. Exc. le Gouverneur à MM. les Syndics
de la ville de Chambéry.

Le 31 mars 1848.

Messieurs,

Ensuite de la manifestation exprimée ce matin par les Milices communales de notre ville, à la revue qui a eu lieu au Verney, qu'elles prêteraient leur appui pour le maintien de l'ordre, mais qu'en cas d'insistance de la part des ouvriers, elles refuseraient de faire acte de résistance, vous sentirez, Messieurs, que cette résolution

me place dans un état d'isolement qui paralyse mes vo-
lontés : je ne puis seul aller m'exposer pour empêcher
une chose au-dessus de mes forces.

Dans cet état de choses et attendu que les aggresseurs
s'approchent, je viens vous prier de m'envoyer de suite,
pour ma justification, une déclaration de votre main
constatant la résolution prise par vos Milices.

Agréez,

A. OLIVIERI.

N° 5.

M. le Syndic à S. Exc. le Gouverneur.

Le 31 mars 1848.

Excellence, le temps me manque pour réunir le Conseil-
général et lui communiquer la lettre que votre Excellence
vient de m'adresser.

Ce matin, le Conseil a été informé et a reconnu lui-
même l'intention bien formelle manifestée par la garde
communale de faire le coup de fusil pour défendre l'ordre public, les propriétés et les personnes ; mais aussi la
même garde n'a pas cru pouvoir combattre le genre
d'assaillants qui se présente, leur nombre et leur appui
leur imposant la cruelle obligation de renoncer à la résistance.

Agréez,

Le Syndic,

DE QUINCY.

N° 6.

Du 1er avril.

Le Conseil-général, sous la présidence de M. de Quincy, syndic, entend lecture d'une lettre adressée à M. le Syndic, cejourd'hui, par M. l'Intendant-Général, conçue en ces termes :

Monsieur le Syndic,

Mon devoir exige que je pense, en tout événement, à sauver la caisse du trésor. Je m'adresse par conséquent à vous, afin que vous mettiez à cet effet à ma disposition trois chariots pour le transporter jusqu'au fort de l'Esseillon.

Veuillez me donner une prompte réponse et agréer, etc.

Le Conseil, vu l'état des choses et les manifestations hautement faites par la population de cette ville,

Arrête que l'Intendant-Général doit s'abstenir en l'état de faire déplacer la caisse du trésor, jusqu'à ce qu'il ait été autrement pourvu par qui de droit.

N° 7.

COPIE DE LA LETTRE

Adressée à MM. les Syndics par S. Exc. le Gouverneur, en date du 31 mars 1848.

Messieurs,

Ensuite la confirmation expresse, dans votre lettre de ce jour, de l'impuissance où se trouvent les Milices communales d'opposer une résistance efficace contre les assaillants qui menacent ce pays, je vous préviens que les colonnes de ces assaillants approchent, que je vais quitter cette résidence pour transporter le siége du gouvernement au fort de l'Esseillon.

En conséquence, c'est à l'Administration de la ville que je remets l'autorité dont j'étais investi, pour le maintien de l'ordre, comme aussi à sa garde, les caisses, les bâtiments, les magasins et les objets de toute nature qui appartiennent à S. M. et à son gouvernement, puisque les employés royaux sont obligés, par la force des circonstances, de partir également et aussitôt après qu'ils auront pourvu à la consignation de tout ce dont ils étaient comptables et responsables.

Veuillez me permettre de saisir, etc.

N° 8.

Vu la lettre adressée par S. Exc. le Gouverneur à MM. les Syndics cejourd'hui, et dont la teneur suit :

Messieurs,

J'ai l'honneur de vous faire parvenir avec la présente les clefs dont le détail est ci-après :

1° Les clefs de l'ancien magasin à poudre ;

2° Les clefs des magasins d'artillerie, au rez-de-chaussée et du pavillon, de la caserne de cavalerie ;

3° La clef du magasin des fusils de recrues, au deuxième étage de la caserne d'infanterie ;

4° La clef du magasin de fortification, au rez-de-chaussée de la caserne d'infanterie, sous le bureau du génie militaire.

Le Conseil, après avoir reconnu les clefs transmises, en a donné reçu.

N° 9.

NOUS

CHEVALIER ANGE OLIVIERI DE VERNIER,

Commandeur de l'ordre militaire des SS. Maurice et Lazare, membre de l'ordre militaire de Savoie et de celui de St-Georges de Lucques de 1re classe, Lieutenant - Général de cavalerie, Gouverneur et Commandant- Général du duché de Savoie.

Braves habitants de Chambéry,

C'est avec le cœur pénétré de la plus vive douleur et avec un regret impossible à exprimer que je vous quitte ; car vous aviez à juste titre toutes mes sympathies, toutes mes affections et mon entier dévouement ; mais totalement dépourvu de troupes, et manquant de tous autres moyens suffisants pour opposer une résistance efficace contre le nombre et le genre d'aissaillants dont nous sommes menacés, je suis contraint à cette cruelle détermination.

Je ne veux pas vous quitter sans vous faire mes adieux.

Je conserverai toute ma vie le souvenir des marques d'intérêt que vous n'avez cessé de me prodiguer pendant le peu de temps que j'ai eu le bonheur de résider près de vous, et quel que soit le destin que me réserve la Providence, la Savoie et ses habitants occuperont toujours une place dans mon cœur. Si mes vœux peuvent contribuer à votre prospérité, ils vous sont acquis.

A. OLIVIERI.

Chambéry, le 1er avril 1848.

N° 10.

Du 30 mars, à sept heures du soir.

Le Conseil réuni,

Considérant que dans les circonstances actuelles et pour éviter tout désordre, l'Administration doit prendre les mesures convenables pour satisfaire aux besoins d'un grand nombre d'ouvriers qui, renvoyés de la France, se trouvent dans le cas de passer en cette ville pour rentrer dans leurs foyers respectifs, a nommé MM. les conseillers d'Athenaz, Gabet et Porraz pour se réunir en commission de subsistance, et pourvoir aux besoins de ces ouvriers.

Le Conseil, dans le même but de maintenir la tranquillité et la sûreté publique, a nommé une autre commission composée de MM. Blard, Héritier, Molin et Vuagnat, ayant pour mission d'aller au-devant de ces ouvriers, de reconnaître leur nombre, savoir leurs intentions, et employer auprès d'eux toutes les voies conciliantes, pour qu'ils viennent en amis et comme des frères qui rentrent dans leur patrie.

N° 11.

INTENDANCE GÉNÉRALE

DE LA DIVISION ADMINISTRATIVE DE CHAMBÉRY.

Habitants de la Savoie,

Le gouvernement de Sa Majesté, informé des dangers dont est menacée la Savoie, vient de donner les dispositions les plus pressantes pour la réunion des contingents de la réserve; deux mille fusils sont déjà expédiés ; ils seront bientôt suivis par une plus grande quantité dont les circonstances permettront de disposer.

En attendant, c'est sur le devouement éprouvé des bons Savoisiens que le gouvernement de Sa Majesté compte, surtout pour le maintien de l'ordre actuel et pour tenir tête aux premiers mouvements dont on menace la Savoie.

Habitants de Chambéry, les démonstrations éclatantes de sympathie et d'attachement que vous avez données récemment pour la cause du Roi, celles données par les braves habitants des campagnes, en justifiant pleinement la confiance que Sa Majesté place en vous, ont déjà suffi pour éloigner momentanément le danger. Raffermissez-vous dans vos généreux sentiments : le roi, vos frères d'Italie vous devront le triomphe de la cause pour laquelle ils combattent,

L'enthousiasme avec lequel la Milice communale, depuis si peu de temps organisée et à peine armée, s'est dévouée au maintien de l'ordre, avec le concours infatigable et généreux prêté par les braves Pompiers et par la Garde-de-Sûreté, sont un sûr garant contre les tentatives de quelques enfants égarés de la Savoie contre leur patrie, et le succès des mesures énergiques prises par le gouvernement nous est assuré.

Que si, malgré vos efforts, ceux qui se proposent de troubler le repos de la Savoie ne renonçaient pas à leurs projets, accourez à leur rencontre, ils sont vos frères ; parlez-leur le langage de l'honneur et de la loyauté savoisienne, et ils ne tarderont pas à partager vos sentiments.

Groupez-vous autour de vos autorités, secondez les efforts de l'administration de la ville, et alors la cause du Roi, celle de la Savoie, celle de l'Italie est sauvée.

On attend les dispositions supérieures annoncées aujourd'hui pour la réduction du sel.

Les conseillers d'intendance.

Salino.　　Milliet de Favèrges.

N° 12.

Du 2 avril, à deux heures du matin, par estafette.

LES SYNDICS A S. EXC. LE GOUVERNEUR.

Excellence,

Nous venons d'être informés qu'un détachement de 400 hommes était en marche dans la Maurienne, pour se porter sur Chambéry, et qu'un autre détachement le suivant de près, avait la même destination.

Nous venons d'être informés aussi que les populations de la Maurienne et de plusieurs communes voisines, sont décidées à prêter secours au gouvernement du Roi ; une grande masse de la population de Chambéry se prononce dans le même sens.

Les renseignements nombreux que nous recevons de la frontière de France sont loin d'être aussi alarmants que ceux qui étaient parvenus à S. Exc., et qu'elle avait bien voulu nous communiquer. Nous avons cru de notre devoir de vous participer de tous ces détails, afin que votre Exc. juge s'il ne serait pas convenable et opportun de retarder sa marche, et même de rétrograder jusqu'à Montmélian, où elle réunirait toutes les forces dont elle peut disposer, et là, elle attendrait les communications que nous lui ferions le plus incessamment possible.

Que votre Exc. daigne déférer à nos plus vives instances; peut-être le salut de la patrie sera-t-il attaché à une sage et généreuse détermination de sa part.

Nous prions Son Excellence d'agréer, etc.

Il faut pour justifier l'assertion de MM. les Syndics, constater ici en faits :

1° Que dans la nuit du 1er au 2 avril, il y avait à Chambéry 97 préposés aux douanes. On aurait pu facilement, de l'aveu des employés, en réunir encore 71 ; en tout 168 ;

2° Que le 1er avril il y avait à Aiguebelle, à sept heures du soir, trois compagnies de Piémont, formant un total de 248 hommes, et deux compagnies de Savonne, formant un total de 180 hommes ;

3° Que ces compagnies furent dirigées le lendemain sur St-Jean, où elles se sont trouvées avec une compagnie du 15e ;

4° Que le 2, vers le soir, l'autre compagnie de Savonne qui était restée à La Chambre, fut dirigée sur Chambéry ;

5° Qu'elle trouva une autre compagnie de chasseurs, du 15e, à Aiguebelle ;

6° Que ces deux compagnies ont suivi le Gouverneur, qui avait pris la route de Montmélian ;

7° Qu'arrivées à Coise, ces deux compagnies furent rencontrées par le Gouverneur vers les quatre heures du matin, qui les fit rétrograder.

Ainsi, il est constant que dans la nuit du 2 au 3, non-seulement 400 hommes étaient disponibles, mais encore 590, auxquels pouvaient s'adjoindre les douaniers.

Pour completter ce tableau stratégique, il faut ajouter que les trois compagnies de Piémont arrivées le 2 à St-Jean, à trois heures après-midi, en sont reparties le même jour vers les cinq heures pour Aiguebelle, où elles sont arrivées le 3 avant le jour, que de là, elles n'ont été dirigées sur Chambéry que le 4, à dix heures du matin, avec le régiment qui revenait de Lanslebourg.

N° 13.

Du 1ᵉʳ avril au soir.

Le Conseil, reconnaissant la nécessité qu'il y ait constamment à l'Hôtel-de-Ville une autorité pour pourvoir à tous les cas d'urgence, et faire le service de la place,

Arrête qu'un capitaine de la Milice communale et un conseiller se trouveront habituellement à l'Hôtel-de-Ville pour un service de jour et un service de nuit, et députe un conseiller chargé de ce qui tient à la délivrance et à la police des passeports.

Ordonne qu'il sera pourvu, par le moyen des fonds dont l'Administration peut disposer, au paiement de l'indemnité de route due aux soldats des contingents appelés maintenant à rejoindre leurs drapeaux. Les bons nécessaires pour rendre valides ces paiements, seront visés par le conseiller de ville à ces fins délégué.

Le maréchal-des-logis des Carabiniers royaux étant venu consigner à la ville les clefs de la caserne desdits Carabiniers, il lui en a été fait reçu.

Sur la demande du sieur Masson, notaire et membre du

Conseil municipal de la ville d'Annecy, priant le Conseil
de cette ville de lui prêter les fusils qui pourraient
rester en surplus de l'armement de la Garde communale
de Chambéry, en exposant qu'elle a un besoin urgent de
fusils dont elle est dépourvue, et qu'elle n'a pu se procurer ailleurs,

Le Conseil, prenant en considération la demande
ci-dessus, arrête de délivrer, à titre de prêt, au Conseil
de la ville d'Annecy, 400 fusils sur ceux servant à
l'instruction trouvés dans la caserne d'infanterie.

N° 14.

Aiguebelle, 3 avril 1848.

MM. les nobles Syndics de la ville de Chambéry,

Deux compagnies seulement de troupes sont ici, le
restant est sur la route de Modane, et la colonne la plus
forte est arrivée ce matin à St-Jean. Je ne pourrai donc
avoir aux portes de votre ville une force armée suffisante
qu'après-demain vers le soir; en conséquence, et jus-
ques-là, tâchez de maintenir l'ordre établi; mon intention est de soutenir le gouvernement de Sa Majesté et de
le défendre à outrance, car si vous pouvez réussir d'une
manière efficace à ce maintien, la patrie peut encore être
sauvée à l'aide des secours que je vous apporterai.

Je vous transmets avec la présente 14 exemplaires
d'une proclamation que je vous prie de faire publier et
afficher s'il en est encore temps.

Agréez, Messieurs, la nouvelle assurance de ma considération très-distinguée.

Le Gouverneur de la Savoie,
A. OLIVIERI.

Voici cette proclamation :

NOUS

CHEVALIER ANGE OLIVIERI,

GOUVERNEUR.

Habitants de la Savoie,

Une bande d'hommes égarés se disant vos compatriotes est partie de l'étranger pour venir jeter le trouble dans vos provinces. Son arrivée et partout ses projets ont excité vos justes alarmes. Votre position critique n'a pas tardé de parvenir à la connaissance de S. M. qui en a été émue, et toujours animée des plus vives sollicitudes pour tout ce qui touche à vos intérêts et à votre tranquillité, elle a résolu de mettre de suite à ma disposition tous les éléments de force nécessaire pour repousser tout acte d'aggression.

Déjà plusieurs mille hommes de troupes disciplinées et animées du meilleur esprit se dirigent à marches forcées pour préserver votre capitale menacée.

Tous les soldats de la réserve et les provinciaux en retard sont appelés sur le champ sous les armes ; ils se rendront incontinent, et sans autre invitation que la présente, au chef-lieu de la province, pour être ensuite dirigés sur Chambéry où on les armera. Je suis autorisé par S. A. S. le lieutenant-général du royaume à acheter à l'étranger toutes les armes dont je pourrai avoir besoin pour constituer une force armée redoutable.

Je suis chargé de vous annoncer en même temps que notre auguste Monarque, voulant donner à son peuple Savoisien une nouvelle marque d'attachement pour lui, s'est déterminé à anticiper en sa faveur le bénéfice de la réduction du prix du sel, à condition que les communes en feront la demande formelle. J'invite toutes les autorités civiles et militaires à user de leur influence pour imprimer à l'opinion publique une direction salutaire, pour détruire les bruits alarmants et assurer la tranquillité publique. La cause de l'ordre et la véritable liberté est assurée.

Je me rends à la tête de mes troupes à Chambéry, et de là partout où le bien du service l'exigera.

A. OLIVIERI.

Montmélian, le 3 avril 1848.

N° 15.

Aiguebelle, 4 avril 1848.

J'apprends à l'instant que tous les bons sujets de Sa Majesté se sont prononcés pour la bonne cause dans votre ville; tenez bon, Messieurs, j'arriverai le plus tôt possible, et déjà j'avais fait battre la générale et je marche à étapes forcées.

Le Lieutenant-Général de cavalerie,
Gouverneur de la Savoie,

A. OLIVIERI.

N° 16.

GOUVERNEMENT GÉNÉRAL DU DUCHÉ DE SAVOIE.

Circulaire à MM. les Syndics du Duché.

Chambéry, le 30 mars 1848.

Monsieur,

Des méchants se plaisent à faire circuler et accréditer le bruit que le gouvernement aurait l'intention d'abandonner la Savoie à la France ; je suis autorisé à vous déclarer que ce bruit est dénué de tout fondement, et qu'au contraire le gouvernement, malgré que toutes les troupes se trouvent dans ce moment employées à soutenir, sous les ordres directs du Roi, la grande cause de l'indépendance italienne, est fermement résolu à faire valoir tous les moyens moraux et matériels dont il peut disposer pour conserver à la monarchie constitutionnelle ce beau et bon pays qui a été le berceau de l'auguste maison de Savoie. Veuillez donc participer cette idée à toutes les personnes de votre endroit qui ont une influence quelconque, afin qu'elles la propagent de leur côté, surtout des avis que j'ai lieu de croire positifs, annoncent qu'un nombre considérable d'ouvriers savoisiens établis à Lyon auraient manifesté le projet de se porter en Savoie pour révolutionner le pays.

La réalisation d'un tel projet amènerait inévitablement sur ces contrées des maux incalculables qu'il importe grandement de prévenir. Tous les bons Savoisiens, que je sais être animés du meilleur esprit, doivent dans de telles circonstances, s'unir aux autorités et ne former qu'un faisceau à opposer aux individus qui chercheraient à jeter le trouble au sein de nos populations si paisibles.

Je vous invite donc, Monsieur le Syndic, à convoquer, au reçu de la présente, votre Conseil pour délibérer ensemble sur les moyens propres à préserver votre commune de toute atteinte.

A. Olivieri.

A la suite de la lettre qui précède se trouve l'addition sui-
vante écrite à la main sur quelques-unes de ces circulaires.

Monsieur le Syndic,

La nouvelle de l'invasion des bandes d'ouvriers de
Lyon sur le sol de la Savoie, avec la coupable intention
de la révolutionner, a excité la plus vive indignation
dans la population de Chambéry. La pensée d'une trahison dans le moment où la vaillante brigade de Savoie
combat sur le champ de l'honneur à la suite du Roi pour
la sainte cause de l'indépendance et de la liberté, a ré-
volté tous les cœurs : cette généreuse population se por-
tera en masse contre ceux qui osent profaner ce sol de la
loyauté ; puisse ce noble exemple rappeler les coupables
à des pensées plus dignes de leur origine savoisienne, et
apprendre aux étrangers qui les accompagnent qu'ils se
trompent en comptant sur la déloyauté des habitants de
la Savoie.

Unissez-vous, Monsieur le Syndic, à ce généreux élan
des habitants de Chambéry en volant avec les hommes de
cœur de votre commune au secours de cette ville où nous
vous attendons sans retard.

Je marcherais à votre tête.

Chambéry, ce 51 mars 1848. Dix heures du soir.

Le Lieutenant-Général-Gouverneur,

A. OLIVIERI.

En rappelant des faits qui se rattachent aux journées
des 50 et 51 mars, On peut ici parler d'une proposition
qui, quoique étant restée sans suite, n'a pas moins son
importance en ce qu'elle prouve toujours mieux l'aver-

sion des habitants de Chambéry, et en particulier du Conseil-général, pour tout ce qui pouvait avoir pour résultat un changement politique, quelque spécieux qu'en pût paraître le prétexte.

Au milieu de la cruelle perplexité causée par la réunion des circonstances qui faisaient craindre l'abandon de la Savoie par le gouvernement, crainte malheureusement trop justifiée par des bruits accrédités dans le public et non officiellement démentis, quelqu'une des personnes qui assistaient à la réunion du Conseil de ville nouvellement constitué demanda si, afin d'ôter aux envahisseurs tout prétexte de s'emparer de la ville et de proclamer la république française, il ne serait peut-être pas le cas de créer, avant leur arrivée, une sorte de gouvernement provisoire pour maintenir l'ordre et veiller à la sûreté des personnes et des propriétés en l'absence des autorités qui semblaient disposées à se retirer. Cette pensée fut vivement repoussée par des membres du Conseil qui firent observer que Chambéry devait rester jusqu'à la dernière extrémité sous le gouvernement du Roi, qu'un gouvernement de fait ne pouvait sortir d'un gouvernement légal, ni en prendre la place, et qu'ainsi la question ne pouvait ni être posée, ni être mise en délibération. Le Conseil entier partagea cet avis, et l'incident n'eut aucune suite dans son sein. La manifestation de la même pensée faite en dehors par quelques individus a été unanimement repoussée avec la plus grande énergie.

C'est encore là un fait qui prouve lui aussi que les projets de la bande des envahisseurs trouvaient une répulsion invincible dans l'esprit des Savoisiens.

N° 17.

Du 4 mars 1848.

ADRESSE DU CONSEIL-GÉNÉRAL
DE LA VILLE DE CHAMBÉRY.

Sire ,

Lorsqu'au milieu de l'enthousiasme unanime et des bénédictions de votre peuple, Votre Majesté, prévenant les désirs de ses sujets, dotait le pays d'institutions larges et libérales, des événements graves ont surgi chez une nation voisine.

Dans cette circonstance, le Conseil de Ville et les habitants de Chambéry éprouvent le besoin de resserrer plus étroitement encore les liens qui les unissent à la monarchie constitutionnelle et à la grande famille italienne ; ils éprouvent le besoin de vous en donner le solennel témoignage, et de réitérer à Votre Majesté l'hommage de leur profond respect et de leur entier dévouement.

Les gages d'union et de prospérité qui découlent de l'établissement du régime représentatif, conservent la Savoie calme, malgré les agitations qui peuvent exister près d'elle. Elle a foi dans l'avenir de la patrie, parce qu'elle sait que le loyal concours de tous les citoyens viendra toujours en aide à la sagesse de Votre Majesté et aux efforts du gouvernement.

N° 18.

Voici une des proclamations placardées sur les murs de Lyon, dans la journée du 30 mars dernier :

RÉPUBLIQUE FRANÇAISE

Liberté. — Égalité. — Fraternité.

AUX TRAVAILLEURS.

Citoyens,

Vous savez que le Gouvernement provisoire de la République, qui veille à la gloire de la France et à la grandeur du pays, s'occupe aussi de réparer pour vous les injustices du passé. Il va diriger, sur la frontière, des régiments de notre brave armée.

Tous feront leur devoir : les Soldats, en se montrant dignes de nos vieilles phalanges républicaines; vous, citoyens, en conservant le calme et en observant l'ordre, si nécessaires maintenant à la marche démocratique de nos affaires nationales.

Comptez tous, comptez bien sur le Gouvernement provisoire, qui veut justice pour tous, et qui fera sans cesse respecter tous les droits.

Le Gouvernement provisoire compte sur vous.

Le Commissaire du Gouvernement provisoire
dans le département du Rhône,

Emmanuel ARAGO.

N° 19.

LES SYNDICS DE LA VILLE DE CHAMBÉRY

A S. EXC. LE CHEVALIER DESAMBROIS,

Ministre commissaire extraordinaire de S. M. en Savoie.

Chambéry, 7 avril 1848.

Excellence,

Nous croyons de notre devoir de porter à votre connaissance que M. l'abbé Goddard, vicaire de Vimines, près de cette ville, s'est présenté, il y a trois jours, chez le consul de S. M. à Lyon, qui lui a refusé un passeport pour la Savoie, en motivant son refus sur ce que ce duché avait été détaché des états du Roi pour être réuni à la France.

Votre excellence peut faire appeler cet ecclésiastique pour avoir sur ce point de plus amples renseignements, d'ailleurs conformes à ce qu'expriment les journaux de Lyon, entre autres, le *Censeur* du 30 mars dernier.

Agréez, etc.   — *On peut en outre voir la proclamation signée Peyssard, du 3 avril, n° 45.*

On pourrait citer beaucoup d'autres personnes auxquelles le refus de visa a été fait les derniers jours de mars, on indique seulement MM. Verney et Cotta.

N° 20.

REGIO GOVERNO

CIRCOLARE.

Ciamberi, il 1° aprile 1848.

All'approssimarsi delle colonne d'operai armati, che varcando la frontiera, si recano a questa capitale del ducato, col palesato progetto di sovvertire l'ordine del governo di S. M., nostro augusto sovrano, privo intieramente de truppe, ed avendo perduto la speranza si qui avuta, che la guardia communale da me stesso condotta, come erami offerto, avvrebbe combattendo efficacemente meco cooperato alla respinta dei sovvertitori; poichè la medesima guardia, pel canale dei Ss. Sindaci et dé suoi capi, formalmento mi dichiarò ora di non valersi adoperare se non che al mantenimento dell' ordine et alla conservazione della proprietà; come mi trovo astretto a lasciare la residenza governativa di questa città, transferendo per ora la seda del governo à l'Esseillon. Mi reco adunque a premura di tanto participare a V. S. Ill.ma acciò sia en grado di dare quelle disposizioni che credera nel interesse del servizio, in dipendenza delle attribuzioni annesse a l'impiego affidato alle di lei cure, e personalmente quanto più presto lo passa col minor danno possibile del servizio raggungere nella nuova residenza che o prescetta.

Preggiomi rinnovarle gli atti di mia ben distinta considerazione.

Il Governatore della Divizione,

A. OLIVIERI.

N° 21.

LA COUR D'APPEL DE SAVOIE.

Savoisiens !

Les circonstances sont graves.

Nous comptons sur le concours de tous les bons citoyens pour le maintien de l'ordre.

Quels que soient les événements, la magistrature, fidèle à son devoir, restera à son poste, et continuera à administrer la justice comme par le passé.

Justin, *Secrét. civil.*

Nous joignons ci-après, avec l'agrément de la Cour d'appel, deux documents pour faire voir comment la conduite de la magistrature a été appréciée par le Roi, le prince lieutenant-général et le ministère.

Nous y ajouterons la relation sommaire donnée par le *Courrier des Alpes,* du 20 avril, d'une communication faite, de la part du Roi, à la même Cour, par M. le général de Maugny. Nous regrettons de ne pouvoir donner le procès-verbal de cette séance, à tant d'égards intéressante.

N° 22.

Billet du 6 avril 1848, adressé par S. A. S. le lieutenant-général du royaume, Eugène, prince de Savoie-Carignan, à la Cour d'appel de Chambéry.

Nous avons appris avec une vive et profonde satisfaction, l'attitude ferme et digne que la Cour a prise en face du danger qui a fait éclater d'une manière si énergique l'attachement inaltérable que les populations de la Savoie ont voué à la monarchie et aux libertés que le Roi vient de donner à la nation; elles ont montré par-là qu'elles en étaient dignes.

Tout en nous empressant de rendre compte à S. M. de votre belle conduite, nous éprouvons nous-même le besoin de vous témoigner nos sentiments personnels et notre approbation toute particulière. L'exemple que vous avez donné est une belle page à ajouter à l'histoire de cette compagnie qui a toujours su si bien mériter du Roi et de la patrie.

Nous vous en félicitons, et nous prions Dieu qu'il vous ait en sa sainte et digne garde.

Turin, le 6 avril 1848.

Signé : Eugène de Savoie.

Contresigné : Sclopis.

N° 25.

A S. EXC. LE PREMIER PRÉSIDENT

DE LA COUR D'APPEL DE CHAMBÉRY.

Turin, le 12 avril 1848.

S. M. le Roi, dans une lettre qu'il a daigné m'adresser de son quartier général de Castiglione delle Stiviere, en date du 10 courant, s'exprime en ces termes :

« Le rapport que vous m'avez fait sur les événements « de la Savoie, sur la ferme, la noble et belle contenance « de la magistrature, m'a procuré la plus douce des « satisfactions, un vrai bonheur. »

Le Roi m'ordonne ensuite formellement d'exprimer à la Cour d'appel de Savoie *sa plus vive satisfaction et sa reconnaissance.*

Tout commentaire qu'on oserait ajouter à ce texte précieux, serait aussi superflu que déplacé. Je félicite de tout mon cœur la Cour d'avoir mérité et obtenu ce témoignage; je suis heureux et fier de le porter à sa connaissance.

Veuillez, Monsieur le comte, donner lecture de cette lettre à la Cour, et agréez l'assurance de la plus haute considération avec laquelle j'ai l'honneur d'être,

Monsieur le comte, de votre Excellence,

Le très humble et très obéissant
serviteur,

Sclopis.

N° 24.

(Extrait du Courrier des Alpes *du 20 avril.)*

M. le major-général comte de Maugny , remplissant provisoirement les fonctions de gouverneur de la Savoie, s'est transporté mardi dernier, 18 du courant, à la Cour d'appel de Chambéry, pour remplir une mission spéciale dont S. M. avait daigné le charger auprès de cette Cour. Reçu, avec le cérémonial d'usage, M. de Maugny a été introduit dans la salle d'audience de la première chambre, où toute la Cour s'était réunie sous la présidence de M. le comte Grillo, premier président. M. le Gouverneur a exprimé de vive voix, ainsi qu'il en avait été chargé par mission expresse du Roi, les sentiments de satisfaction et de gratitude qu'éprouvait S. M. pour la conduite et l'attitude pleines de fermeté et d'énergie que la Cour d'appel avait gardées pendant les mémorables événements des 3 et 4 avril, et qui, en soutenant la confiance publique, avaient puissamment concouru au maintien de l'ordre, de la monarchie constitutionnelle et au salut de la cause italienne.

S. Exc. M. le comte Grillo , qui , seul parmi les premiers chefs des hautes autorités constituées, était resté à son poste, à la tête de toute la magistrature, était digne de répondre à l'honorable message adressé à la Cour, en protestant au nom du pays et de la magistrature du dévouement, de la loyauté et de la fidélité dont la Savoie venait de donner un si éclatant témoignage envers un prince auquel nous unissent de nouveaux liens d'une affection inaltérable.

N° 25.

Chambéry, le 3 avril 1848.

Deux commissaires se sont présentés aujourd'hui à la trésorerie provinciale pour en prendre possession. Le soussigné, en sa qualité de conseiller d'intendance, seule autorité administrative remplaçant de droit, en cas d'absence, l'Intendant-Général, a protesté contre cette déclaration de prise de possession. Le serment d'être fidèle à ses devoirs, celui, entre autres, de garder les deniers publics, l'a obligé de faire cette protestation. Il en a demandé une déclaration; les commissaires ont assuré qu'elle lui serait donnée. Le soussigné l'attend, comptant sur cette promesse. Il ne la demande que pour sauver son honneur contre toute entreprise qui tendrait à le flétrir.

Du bureau d'intendance, à sept heures du soir.

Le conseiller d'intendance,

DE FAVERGES.

N° 26.

RAPPORT DU COMITÉ PROVISOIRE.

Ce rapport ne sera qu'un simple exposé des faits auxquels le Comité provisoire a pris part. Tout son mérite
sera dans la plus scrupuleuse exactitude de sa narration.
On laissera à d'autres le soin d'apprécier dans son ensemble l'événement si grave dont la ville de Chambéry
vient d'être le théâtre.

Le 3 avril courant, à deux heures de l'après-midi,
soixante-dix personnes environ de la ville, appartenant
à toutes les classes, se trouvèrent réunies dans la grande
salle de l'Hôtel-de-Ville.

Elles y avaient été convoquées par lettres au timbre de
la ville, non signées, et sans indication de l'objet de la
réunion.

Elles s'y étaient rendues à la sollicitation de leurs concitoyens, et persuadées qu'elles remplissaient en cela un
devoir de généreux patriotisme.

La salle de l'Hôtel-de-Ville était occupée par les chefs
qui avaient pris possession de Chambéry le matin et qui
s'attribuaient le gouvernement provisoire de la Savoie.

Les personnes convoquées protestèrent de prime abord
qu'elles n'entendaient participer en rien aux actes de ce
gouvernement provisoire; qu'elles consentiraient seulement à former un Comité provisoire pour l'administration de la ville, jusqu'à la formation d'un nouveau Comité élu par les habitants portés au rôle de la Milice
communale.

Sur quoi l'on fut bientôt d'accord, les chefs ayant déclaré qu'ils entendaient retenir le gouvernement *de fait* et en prendre toute la responsabilité. Il leur fut néanmoins observé, par quelques membres, qu'ils ne devaient pas compter de faire accepter par les diverses provinces de la Savoie le gouvernement qui pourrait être imposé par la force à Chambéry, et que déjà un des trois commissaires envoyés d'Annecy la veille, l'avait déclaré formellement.

Il fut alors procédé à l'élection par scrutin secret de ce Comité provisoire, de douze membres. Les personnes élues à la majorité des voix, furent :

MM. Forest-Guillaume, négociant, conseiller de ville ; Borson, médecin ; Parent père, avocat ; Bonne Jean, négociant ; Domenge, propriétaire ; Louis Martin, négociant ; Burnier, notaire ; Fillard, rentier ; Pallatin, procureur ; Du Bourget Francisque, propriétaire rentier ; Palluel, avocat ; et Héritier, procureur.

Ce Comité ainsi composé, sauf M. Palluel qui était absent, décida qu'il se réunirait à sept heures du soir, dans le bureau ordinaire du Conseil de ville, tandis que le *gouvernement de fait* continuerait à avoir son siégé dans la grande salle ; c'était afin de toujours mieux déterminer la séparation qui devait exister entre les deux pouvoirs.

A sept heures, le Comité provisoire s'installa aux personnes de MM. Borson, Parent, Domenge, Louis Martin, Bonne, Burnier, Pallatin, Du Bourget, et Fillard.

Il leur fut alors signifié par le *gouvernement de fait* l'ordre de rester en permanence à l'Hôtel-de-Ville.

Les membres présents commencèrent la séance par la nomination d'un président et d'un vice-président, aux personnes de MM. Parent et Borson, qui furent investis du droit de signer les actes qui émaneraient du Comité , parce que tous les membres de ce Comité ne pouvaient pas toujours être présents.

Ainsi constitué, le Comité s'occupa des mesures à prendre pour les élections qui devaient avoir lieu le lendemain ; à cet effet, il rédigea l'arrêté qui suit :

« Citoyens,

« Nommés pour veiller momentanément aux intérêts « de la cité et à l'élection libre des citoyens pour une « administration municipale provisoire qui veille aux in-« térêts de tous,

« Le Comité arrête que tous les citoyens portés sur le « rôle de la Milice communale, et qui ont droit d'y con-« courir, sont invités à se rendre cejourd'hui, à dix « heures du matin, au Manége, pour procéder par la « voie du scrutin secret à la nomination d'une *adminis-« tration communale provisoire* comprenant tous les intérêts « de la cité dans ses attributions et dont la nomination « sera immédiatement rendue publique.

« Cette administration sera composée provisoirement « de vingt-quatre membres.

« Citoyens de Chambéry, prêtez-nous votre aide, votre « appui et votre concours, pour que l'ordre et la sécurité « de tous ne soient point troublés ; de votre côté, comp-« tez sur notre dévouement. »

M. Forest se présentant seulement alors à la réunion, prit connaissance de l'arrêté, en discuta quelques expressions, après quoi, sa rédaction fut adoptée définitivement.

M. Forest se retira immédiatement et il fut bientôt suivi par M. Martin, à ce autorisé pour cause d'indisposition.

L'arrêté fut aussitôt envoyé à l'imprimerie, pour être affiché le lendemain au point du jour.

Le Comité prit ensuite les résolutions suivantes, savoir :

Qu'aucun des membres du Comité provisoire ne pourrait être candidat pour la nouvelle élection ;

Que le président en donnerait avis aux électeurs en ouvrant la séance ;

Que les fonctions du Comité provisoire cesseraient immédiatement après l'élection du nouveau Comité provisoire.

Et que celui-ci ne pourrait siéger à l'Hôtel-de-Ville mais bien dans un local séparé et confié exclusivement à la garde de la Milice communale.

M. Peyssard étant intervenu dans le moment, il fut de plus convenu avec lui que toute force armée serait écartée du lieu des élections.

En cette circonstance, le même chef dit au Comité qu'il avait expédié quatre estafettes sur la route de Montmélian, et qu'une ligne de douaniers établie à la hauteur de la croisée des Marches, les avait forcées à revenir sur leurs pas, et qu'à St-Jeoire, des paysans avaient tenté même de les désarmer, mais n'y avaient pas réussi.

Le 4, vers les cinq heures du matin, M. Peyssard se présenta de nouveau au bureau du Comité provisoire où se trouvaient seulement alors MM. Borson et Domenge. Il leur soumit son projet de suspendre ce jour-là les séances de la Cour d'appel et du tribunal, afin que tous les électeurs pussent se rendre à l'assemblée projetée ; mais il lui fut répondu que la mesure était excessivement grave en elle-même. Les deux membres lui demandèrent s'il pensait que le Sénat lui obéît ; que, quant à eux, ils ne le pensaient pas ; et, dans ce cas, ce qu'il ferait ? à quoi il répondit : j'ai la force ! — y pensez-vous, Monsieur ? (lui fut-il objecté), la force contre la justice ! prenez-y garde ; c'est bien grave, si vous suivez notre conseil, vous ne le ferez pas !...

M. Peyssard renonça aussitôt à son projet, en déclarant qu'il n'y avait songé que dans l'intérêt des élections.

A cinq heures et demie, M. Fillard rentra, en disant qu'il croyait qu'il y aurait du bruit dans la journée. Il fut suivi de M. Pallatin qui vint encore confirmer cette prévision. Le Comité délibéra alors si les membres qui le composaient resteraient à l'Hôtel-de-Ville, ou s'ils se mêleraient au mouvement ; il fut décidé que le Comité resterait au poste permanent qui lui avait été assigné et où il pourrait prendre les mesures d'urgence que les circonstances commanderaient.

Sur les six heures, un mouvement extraordinaire commença à se dessiner sur la place Octogone, dans ce moment rentra M. Du Bourget, et, sur l'observation faite par l'un des membres que la manifestation de réprobation publique était trop générale contre les envahisseurs, pour qu'il leur fût possible de se maintenir, voulant éviter l'effusion du sang, on courut vers les chefs pour les engager à se retirer. M. Pallatin, chargé de cette mission, se rendit auprès d'eux avec M. Domenge. Aux premières invitations qui leur furent faites, les chefs répondirent qu'ils n'avaient pas l'intention de verser du sang ; qu'ils étaient prêts à capituler, pourvu qu'on leur laissât honorablement relever leurs postes et qu'on leur accordât un subside pour la compagnie lyonnaise dite *des Voraces,* qui était sans argent. Il leur fut observé que la question d'argent n'était pas du ressort du Comité, que les instants étaient pressants ; qu'il était impossible de parlementer vu que les citoyens en masse n'avaient point de chefs et qu'ils devaient immédiatement se retirer sans condition ; à quoi ils consentirent en disant : arrêtez l'effervescence du peuple et nous partirons.

M. Peyssard, bientôt après, se présenta au bureau, et alors le vice-président lui dit : Monsieur, vous êtes de Chambéry, voulez-vous que les rues soient teintes du sang de vos concitoyens ? retirez-vous donc ! à quoi il répondit de nouveau que ce n'était pas leur intention, pas plus que d'imposer aux habitants de Chambéry un gouvernement qui ne leur conviendrait pas ; qu'ils n'étaient pas venus pour cela, et il rentra dans la grande salle pour rédiger une proclamation.

Lorsque M. Peyssard passa dans la grande salle, M. Borson sortit, et, comme il trouva le poste encore armé à la porte de l'Hôtel-de-Ville, il dit aux hommes de garde qu'ils devaient comprendre que toute résistance était inutile, à quoi ils répondirent qu'ils n'en voulaient pas faire, et ils demandèrent à être accompagnés jusqu'au dehors de la ville. M. Borson chercha alors quelqu'un pour remplir cette mission. La personne à qui il s'adressa, le sieur Duverney, officier, lui répondit qu'on ne traitait pas avec des gens qui avaient pris de l'argent. M. Borson remonta à l'Hôtel-de-Ville où il fit part au sieur Guillerme père, de la déclaration du sieur Duverney ; Guillerme répondit : Monsieur ! je vous donne ma parole d'honneur que cela n'est pas, nous consentons à nous retirer, mais nous prions qu'on nous protége, qu'on nous accompagne. M. Borson lui dit : soyez tranquilles, il ne vous sera fait aucun mal, et vos jours ne seront pas compromis.

Pendant ce temps, MM. Domenge et Fillard parcouraient la ville pour faire connaître l'état des choses, calmer l'effervescence et éviter l'effusion du sang ; chacun de son côté put ramener quelques gardes nationaux pour relever le poste de l'Hôtel-de-Ville, qui fut cédé sans la moindre résistance ; les occupants ayant déjà couché leurs armes à terre.

C'est alors que les deux membres du Comité provisoire, aidés de M. Burnier et assistés de plusieurs gardes nationaux qu'ils appelèrent à leur aide, se hatèrent de conduire les chefs, Guillerme, Burnet et Peyssard aux grandes casernes pour faire mettre bas les armes à leur troupe, et c'est là qu'eut lieu une collision courte, il est vrai, mais assez vive.

Pendant ces entrefaites, le président et le vice-président restèrent au bureau où s'était rendu M. Héritier ; le président écrivit à M. le Syndic, la lettre suivante :

« Monsieur le Marquis ,

« Appelés dans des circonstances difficiles pour pré-
« server la ville de plus grands malheurs ; ces circon-
« stances sont changées ; je viens, en conséquence, vous
« inviter à venir reprendre le pouvoir dont vous avez été
« heureusement investi pour le bonheur du pays. J'ai
« l'honneur de vous faire cette adresse au nom du Comité
« provisoire promu dans la réunion d'hier.

« J'ai l'honneur d'être, etc. »

Bientôt après, M. le syndic de Quincy, accompagné de plusieurs conseillers, vint reprendre possession de l'Hôtel-de-Ville, et l'un des conseillers donna l'accolade au président et au vice-président.

Tel est l'exposé fidèle des actes du Comité provisoire

pendant sa courte administration. Chacun de ses membres a la conscience d'avoir fait acte de dévouement, en acceptant cette grave et périlleuse mission. Le Comité a profité de toutes les circonstances pour recommander le respect des personnes, des propriétés et des monuments ; et il a cru remarquer que l'un des chefs que l'on qualifiait du titre de capitaine des *Voraces* exerçait sur les autres une grande influence d'intimidation.

Chambéry, le 9 avril 1848.

Signés : MM. BORSON, FILLARD, PALLUEL, Jean BONNE, L. MARTIN, F. DU BOURGET, DOMENGE.

N° 27.

DÉTENUS

Pour délits aux Gabelles.

Bavuz Henry. — Blard Joseph. — Morand Joseph. — Maurienne Charles. — Martin Louis. — Roussi Joseph. — Prato Barthélemy. — Mercier Jacques.

Pour délits de Chasse.

Cornet Francois. (Cet individu est aux prisons pour délit sur la chasse, et aussi pour violences exercées sur la personne des carabiniers royaux.)

Pour délits forestiers.

Thomas Catherin. — Julien Jean.

Ordre de mettre immédiatement en liberté les onze individus dont les noms sont cités plus haut.

Chambéry, le 5 avril 1848.

Le maire provisoire,
PEYSSARD.

Les onze individus sus-énoncés ont été remis à Me Pallatin, procureur, et à M. Ferraris, journaliste, le 3 avril
1848, à quatre heures après midi, porteurs du présent
ordre, dûment signé par le maire provisoire Peyssard.

S. Marguery.

N° 28.

PROCLAMATION.

Braves Savoisiens,

L'approche du danger a fait éclater votre dévouement
à la cause de la nation, à la personne du Roi, qui est le
fondateur de nos libertés ; je vous en félicite, je vous en
remercie au nom du Souverain et de la patrie. Des mesures efficaces vont être prises pour garantir le duché,
antique berceau de notre famille, de toute aggression
étrangère et pour fournir à vos frères qui viennent du
dehors du travail et des subsistances. Comptez sur nous,
comme nous pouvons compter sur vous ; vos frères d'en-
deçà des monts, le Roi, la nation entière, vos frères de
l'armée, ont les yeux sur vous ; nos liens se resserrent
toujours plus dans les moments pénibles.

Vive le Roi ! Vive la Constitution !

Le Lieutenant-Général du royaume,

Turin, le 3 avril 1848.

Eugène de Savoie.

N° 29.

Turin, le 11 avril 1848.

Monsieur le docteur Mollard,

Le gouvernement du Roi a appris par S. Exc. M. le chevalier Des Ambrois, que, parmi les nombreux actes de courages et de dévouement de la population de Chambéry, lorsqu'elle a récemment rétabli l'ordre menacé par les ouvriers venus de France, vous avez, M. le docteur, déployé une énergie qui a beaucoup contribué au succès.

Je me suis fait un devoir de référer votre noble conduite à S. A. S., le prince lieutenant-général de S. M.; et d'après la proposition que j'ai eu l'honneur de lui faire, il vous a créé chevalier de l'ordre militaire de Saint-Maurice.

Je m'empresse de vous envoyer la croix, pour que vous puissiez la porter tout de suite; je vous prie en même temps, M. le chevalier, d'agréer mes félicitations.

Vous devez être fier de votre œuvre, puisque vous avez, par votre courage, fortifié les libertés nouvelles de notre patrie; et en assurant sa force, vous pourrez toujours vous dire d'avoir eu une part généreuse à la régénération que le Roi accomplit en ce moment.

J'ai l'honneur d'être avec une parfaite considération, Monsieur le chevalier,

Votre dévoué et obéissant serviteur,
Vincent Ricci,
Ministre de l'intérieur.

Pendant l'impression de ce précis historique, nous apprenons que, sur la proposition de S. Exc. le ministre

de l'intérieur, le Roi a daigné accorder au sieur Boisset,
caporal dans la Garde-de-Sûreté, parce qu'il s'était dis-
tingué d'une manière spéciale dans la journée du 4 avril,
la médaille d'argent instituée par patentes royales du
26 mars 1833, et à laquelle est attachée une pension
annuelle de 50 liv.

N° 50.

LA VILLE DE CHAMBÉRY.

Braves Savoisiens,

Vous vous êtes rendus dignes du nom illustre que vous
portez ; vous avez courageusement défendu la gloire de
la Patrie. Honneur à vous ! L'Administration municipale
est à son poste au nom du Pays ; et le cri qui doit nous
rallier tous est celui de : *Vive la Savoie ! Vive le Roi !*

Chambéry, le 4 avril 1848.

Le Syndic.

A. DE QUINCY.

Plus tard, l'Administration a fait publier l'avis suivant :

Dans les circonstances actuelles, nous prévenons tous
les habitants de la ville de faire des perquisitions soi-
gneuses dans leur habitation, la dispersion des bandes
envahissantes ayant dû entraîner l'isolement de quelques
individus qui pourraient s'être réfugiés dans les maisons
et les galetas avec des intentions suspectes.

Le Syndic,

A. DE QUINCY.

Allocution de M. le Comte de Quincy, Syndic, à la Milice communale et au Corps des Pompiers et Gardes-de-Sûreté de la ville de Chambéry.

Braves Milice communale, Pompiers et Chasseurs de la ville de Chambéry, et vous tous courageux concitoyens, qui avez en cette belle journée combattu les ennemis de nos institutions, les spoliateurs de nos propriétés et les perturbateurs de l'ordre public, recevez par notre organe les expressions de la reconnaissance de la ville de Chambéry.

Vous avez écrit en ce jour la plus belle page de son histoire avec le sang de ses ennemis.

AUX HABITANTS DES VILLES
ET DES COMMUNES DE LA SAVOIE.

Des hommes égarés avaient pénétré dans nos murs pour imposer à la Savoie un joug humiliant. Leur règne n'a pas été long... il a duré vingt-deux heures ! Le peuple s'est levé en masse et a mis fin à cette œuvre de désordre.

Dans ce moment solennel, les habitants des villes et des campagnes nous ont donné des preuves à jamais mémorables de dévouement. Le tocsin a sonné de clocher en clocher et s'est propagé jusqu'aux cimes de nos montagnes. A ce son vengeur, vous vous êtes mis en marche pour venir à notre secours. Plusieurs d'entre vous sont arrivés alors que nous étions encore sous les armes.

Ah ! recevez ici le témoignage de notre reconnaissance et de notre admiration ! Oui, ce jour de gloire, de fidélité et d'enthousiasme sera éternellement célèbre. La postérité le citera comme une des plus belles pages de notre histoire.

Chambéry, 8 avril 1848.

Au nom du Conseil-général,

Les Syndics.

A. DE QUINCY ET REY.

N° 31.

PROCLAMATION.

Turin, le 3 avril 1848.

SAVOISIENS !

Je viens au milieu de vous investi d'une mission d'ordre et de paix. Le gouvernement du Roi m'a confié des pleins pouvoirs pour venir vous assurer de sa sollicitude et pourvoir dans ces circonstances extraordinaires aux exigences de tous les services publics, en donnant surtout aux travaux publics l'impulsion majeure que pourront réclamer les besoins des classes pauvres.

Vous savez que j'ai toujours été ami de la Savoie, que j'ai connu de près tout ce qu'elle renferme de nobles sentiments.

SAVOISIENS ! réunissons-nous tous autour du drapeau national, pour le bien du pays, pour la cause de l'ordre et de la liberté.

Vive le Roi ! Vive la Constitution ! Vive la Savoie !

Le Ministre des travaux publics, de l'agriculture et du commerce, commissaire extraordinaire du Roi,

DES AMBROIS.

N° 32.

HABITANTS DE CHAMBÉRY.

En arrivant dans cette ville, j'ai vu avec une satisfaction profonde et une vive admiration l'ordre public rétabli par votre dévouement à la patrie. Vous avez été dignes de vos pères, dignes de cette terre de l'honneur, du courage et de la loyauté. Honneur à vous !

Désormais il ne reste plus qu'un seul rentiment, qui est aussi un besoin de tous les cœurs honnêtes, l'union pour le bien du pays que nous aimons tous, l'union dont le centre est le prince illustre qui a fondé nos libertés. Vous avez noblement répondu à sa noble confiance. Vous aurez apporté à son cœur la plus douce des consolations, mérité les acclamations de cette armée de braves, vos frères, qui combat avec lui pour l'indépendance nationale.

Vive Roi ! Vive la Constitution ! Vive la Savoie !

Chambéry, 6 avril 1848.

Le ministre des travaux publics, de l'agriculture et du commerce, ministre extraordinaire du Roi en Savoie.

DES AMBROIS.

N° 33.

CONSEIL-GÉNÉRAL.

Séance du 7 avril 1848.

M. le Syndic a fait part au Conseil d'une communication qui lui aurait été faite verbalement pendant la journée, par le directeur des domaines de cette division, communication de laquelle il paraîtrait résulter que Son Excellence, le commissaire extraordinaire du Roi, aurait manifesté l'intention de procurer aux ouvriers Savoisiens du travail pour subvenir à leurs besoins dans ces moments difficiles, et qu'en vue d'atteindre ce but, il n'aurait pas été éloigné de la pensée de ce haut fonctionnaire d'offrir un concours de la part du gouvernement, dans la proportion d'un quart, pour l'élargissement et la rectification de la rue du Sénat, comme complément de l'œuvre relative à l'établissement du palais de justice.

Le Conseil, après avoir manifesté d'une voix unanime sa vive reconnaissance pour la touchante sollicitude du gouvernement, dans la présente conjoncture, a cru pouvoir rechercher si les offres bienveillantes du gouvernement ne pourraient point recevoir une destination plus appropriée aux besoins du moment, et plus en harmonie avec l'état financier de cette administration ; et après en avoir mûrement discuté, il a, à une grande majorité, cru pouvoir prendre les résolutions suivantes.

Considérant que des longues années cette administration a eu en projet, l'élargissement et le redressement des rues et avenues du bas Maché ; que cette œuvre a été plus tard admise en projet de maxime par délibération consulaires des 10 décembre 1846 et 25 décembre 1847 ; que la mise à exécution de ce projet n'a été subordonnée qu'à la réalisation d'une promesse de concours faite par les habitants dudit faubourg ; que cette promesse se trouve maintenant réalisée au moyen d'une souscription au montant d'environ 12,000 liv.

Considérant que plus rien n'obste, en l'état, à l'exécution immédiate des travaux, si ce n'est l'accomplissement des formalités pour arriver à l'expropriation pour cause d'utilité publique, et à l'adjudication consécutive.

Considérant que l'état financier de cette administration l'a mise dans la nécessité de répartir en neuf exercices la dépense générale relative au susdit projet de maxime portée par aperçu à la somme de 90,000 liv.

Considérant que les habitants du faubourg Maché ont mérité dans tous les temps la bienveillance particulière de cette administration et spécialement dans les circonstances malheureuses où la ville toute entière s'est trouvée ces jours derniers, circonstances dans lesquelles on les a vus rivaliser de zèle, de dévouement et de courage.

Considérant que l'administration s'estimerait heureuse de pouvoir donner en ce moment aux babitants du faubourg de Maché un témoignage de reconnaissance, en hâtant le plus possible l'exécution d'une œuvre dont l'utilité et l'urgence ont été reconnues et pour laquelle ils ont offert le concours de leurs bourses.

Considérant que, bien que le projet d'amélioration indiqué par le directeur des Domaines se recommande par son utilité, sa mise en œuvre ne pourrait avoir lieu que dans un temps plus ou moins éloigné, et qu'il importe de donner au plutôt du travail aux ouvriers qui en manquent.

Le Conseil-général émet le vœu que S. Exc. le Commissaire du Roi, prenant en considération les motifs sus-exprimés, daigna ordonner que l'offre du concours proposé par le gouvernement pour la rectification de la rue du Sénat soit affectée à la rectification du bas Maché, auquel cas l'administration donnerait suite immédiate au projet de maxime adopté de manière à ce que l'œuvre pût être amenée à terme sans interruption, sauf à bilan-

cer la dépense autrement qu'il a été fait par la délibération du 10 décembre 1846.

Il invite les Syndics à faire communication de la présente à S. Exc. le Commissaire du Roi, le plus incessamment possible.

N° 54.

Chambéry, le 9 avril 1848.

Messieurs les Syndics,

Les considérations qui ont déterminé le Conseil de
Ville à proposer de hâter l'ouverture de la rue proposée
dans le faubourg Maché, sont si fortes et si touchantes,
que j'y applaudis avec enthousiasme, et je m'engage à
proposer, sur le budget des travaux publics, une allo-
cation de 20,000 livres pour cette œuvre si noblement
destinée, en faveur de la laborieuse et énergique population de Maché, qui a si bien mérité de la cause
nationale.

J'ai l'honneur d'être, etc.

Le ministre des travaux publics,
commissaire extraordinaire en Savoie.

Signé : Des Ambrois.

N° 55.

EUGÈNE, PRINCE DE SAVOIE-CARIGNAN,

LIEUTENANT-GÉNÉRAL DE S. M.

Habitants de la Savoie,

Honneur à vous, braves Savoisiens! Vous n'avez pas démenti dans cette circonstance solennelle le vieux renom de courage, de dévouement et de fidélité qui vous ont placé si haut dans l'estime et dans l'affection de vos frères d'en-deçà des Alpes. Vous venez d'acquérir de nouveaux titres à l'amour du Roi. Votre héroïque conduite passera à la postérité. Cette manifestation aussi courageuse qu'unanime ranimera, renforcera l'ardeur de vos soldats qui combattent dans les magnifiques plaines de la Lombardie pour la sainte cause de la liberté italienne. Elle comblera de joie le cœur du meilleur des rois, du généreux fondateur de nos institutions constitutionnelles.

Braves Savoisiens, après la victoire, la modération : justice et rémunération.

Vive le Roi! Vive la Constitution! Vive la Savoie!

Turin, le 6 avril 1848.

EUGÈNE DE SAVOIE.

N° 56.

CONSEIL-GÉNÉRAL DE LA VILLE DE CHAMBÉRY.

Séance du 9 avril 1848, à sept heures du soir.

M. le Syndic annonce que, suivant le désir exprimé par le Conseil lui-même, un de ses membres qui a fait partie du comité provisoire formé le 3 avril, après l'invasion, allait lire la relation de tout ce qui s'est passé à l'Hôtel-de-Ville dans la nuit du 3 au 4 avril, pendant que ledit comité était en permanence.

En conséquence, M. Domenge donne lecture d'un rapport contenant l'exposé des divers actes du comité, depuis son installation jusqu'au lendemain, à huit heures du matin, qu'il a remis le bureau à la précédente Administration.

Le Conseil-général a vu avec bonheur de combien de prudence et de sollicitude avaient usé, pour la conservation des personnes et des intérêts de la ville, les généreux citoyens désignés dans la proclamation du 3 avril, signée Peyssard. Il se plaît à reconnaître tout ce qu'il a fallu d'abnégation et de dévoûment pour remplir une telle mission; et attendu que les journaux de Turin et de Chambéry, en publiant les diverses proclamations imprimées pendant l'occupation de notre ville, ont nécessairement publié aussi les noms des personnes composant le comité provisoire; qu'il importe qu'on soit bien convaincu que ces personnes n'avaient accepté que la charge de veiller aux intérêts de la ville, et de la ville seulement; qu'il est opportun que l'on sache que quand, dans de telles circonstances, des hommes dévoués au bien de leur pays acceptent de si pénibles fonctions, et qu'ils les remplissent si honorablement, ils ont droit à la reconnaissance publique.

Le Conseil-général déclare à l'unanimité que les membres du comité provisoire municipal dont les noms sont cités dans la publication du 3 avril, signée Peyssard, ont bien et dignement rempli la pénible mission qui leur était imposée, et au nom des habitants de Chambéry, les en remercie.

Et il arrête que copie de la présente délibération sera transmise aux journaux de Chambéry et de Turin, pour en demander l'insertion dans leur plus prochain numéro.

Fait et délibéré en Conseil-général, le 9 avril 1848.

N° 57.

ADRESSE DU CONSEIL - GÉNÉRAL
DE LA VILLE DE TURIN

Aux Habitants de Chambéry et de la Savoie.

La conduite noble et généreuse des habitants de Chambéry et de la Savoie, en face du danger qui menaçait la patrie, a non-seulement excité dans nos cœurs la plus grande admiration, mais aussi les sentiments les plus profonds de sympathie et de reconnaissance.

Vous avez donné l'exemple le plus éclatant de ce que peut le vrai courage civil, qui ne se laisse point ébranler à l'approche de l'orage, qui ne se laisse point abattre par la gravité des circonstances, par le manque d'appui ou de vigilante direction.

Quand on a le cœur que vous avez, les hommes et les peuples s'élèvent à l'héroïsme, et le courage et le dévouement augmentent en raison de la grandeur de la cause qu'on défend.

Les libertés que le magnanime CHARLES - ALBERT a octroyées à ses peuples ont reçu par vous, généreux Savoisiens, la sanction la plus éternelle. En repoussant les perturbateurs de l'ordre, les ennemis de nos libres institutions, les colporteurs de l'anarchie, vous avez prouvé au monde combien vous méritiez de jouir des libertés politiques, combien le Roi avait raison de mettre sa confiance dans son peuple. Vous avez les premiers fait triompher notre Charte constitutionnelle, en scellant par la victoire la fraternité, qui, depuis dix-huit siècles, vous unit aux Piémontais.

Nous sommes fiers de nos frères les Savoisiens, et nous sommes sûrs qu'en pareil cas, nous serions tous prêts à imiter leur exemple.

Les imiter en pareille circonstance, serait pour nous, comme pour tous, un titre assuré de gloire. Vous qui fûtes les premiers à vous couronner de ces lauriers, vous avez non-seulement droit à l'admiration de tous les peuples, mais vous avez mérité à jamais la reconnaissance de la patrie.

La ville de Turin désire être la première à vous féliciter de vos succès, dont elle partage les heureuses conséquences. Elle veut que vous sachiez combien tout le peuple, dont nous sommes les interprètes, applaudit à votre courage et à votre dévouement, combien nous bénissons votre victoire, qui nous garantit pour l'avenir une fraternité liée aux plus glorieux souvenirs historiques de notre patrie et de l'illustre Maison qui préside à nos destinées communes.

Oui, nous le répétons avec enthousiasme, honneur et gloire aux Savoisiens, qui, pendant que le Roi et son armée dans les plaines de la Lombardie, combattent pour l'affranchissement de l'Italie, ont su maintenir l'intégrité de notre territoire, et sauver le trône constitutionnel de CHARLES-ALBERT des atteintes de l'anarchie, en le couvrant de leur poitrine, en le défendant de leurs bras.

Turin, ce 7 avril 1848. *Les Syndics*, COLLI. NIGRA.

7

N° 38.

9 avril 1848.

*M. le syndic de Quincy a répondu à MM. les Députés
de la ville de Turin.*

Messieurs,

La ville de Turin ne pouvait donner un témoignage
plus éclatant et plus flatteur de ses sympathies pour la
ville de Chambéry et pour la Savoie, qu'en vous char-
geant de la mission qui vous est confiée.

Les sentiments d'affection que vous nous faites l'honneur de nous exprimer d'une manière si éloquente, trouvent un écho dans les cœurs de tous les Savoisiens, et par-
ticulièrement dans ceux des membres de l'administration
municipale de Chambéry.

L'antique fidélité savoisienne est acquise plus que jamais à la Royale maison de Savoie et à son gouvernement
constitutionnel ; nous nous estimons heureux, Messieurs,
que notre brave population ait eu récemment l'occasion
de témoigner hautement de l'esprit qui l'anime.

Nos destinées nous lient irrévocablement à la sainte
cause italienne, elle peut compter sur nos vœux et nos
efforts.

Oui, Messieurs, nous regardons son avenir comme le
nôtre, et nous crions unanimement : Honneur à la ville
de Turin et à son illustre corps décurional ! honneur à
ses députés ! vive le Gouvernement constitutionnel du
Roi ! vive la liberté ! vive la sainte cause italienne !

N° 39.

Du 9 avril.

Le Conseil - général, après avoir ouï la lecture de l'adresse de la ville de Turin, les députés et M. le comte de Quincy ont arrêté d'offrir un dîner à MM. les délégués, au nom de la ville de Chambéry, dîner qui aurait eu lieu le lendemain.

Le Conseil a arrêté, le même jour, que l'adresse du Conseil-général de la ville de Turin serait imprimée pour être publiée dans le duché, et par-là faire connaître à toute la Savoie combien nous sommes heureux de voir que les liens qui nous unissent au Piémont et à l'Italie se trouvent ainsi cimentés d'une manière toujours plus indissoluble, par une démarche aussi solennelle.

N° 40.

LA GARDE NATIONALE DE CHAMBÉRY.

AUX SAVOISIENS DE L'ARMÉE D'ITALIE.

Savoisiens,

Une masse d'hommes égarés est venue dans nos murs proclamer une espèce de république.

Cette république d'un jour.... elle n'est plus.

C'est au son du tocsin et aux cris de vive le Roi! vive la Savoie! vive l'armée d'Italie! que nous avons pris les armes.

Gloire à nos braves Pompiers et à nos intrépides Chasseurs, qui, en même temps que nous, ont couru à la la délivrance de la patrie !

Gloire à nos volontaires ! gloire aux ouvriers ! gloire à tous ! car tous ont fait leur devoir dans cette journée mémorable.

Le peuple de nos campagnes, en sonnant la cloche d'alarme, nous a donné aussi une éternelle preuve de dévouement.

S'il n'eût tenu qu'à notre courage, les hommes insensés qui voulaient nous imposer leur joug humiliant n'auraient jamais pénétré au sein de notre antique cité : nous serions allés au-devant d'eux, nous les aurions écrasés ou dispersés.

Mais la Providence, en permettant l'injure, a préparé le châtiment.

Le triomphe a été complet.

Il assure toujours mieux en Italie le succès de la cause sainte pour laquelle vous combattez.

Il nous assure la liberté.

Savoisiens de l'armée d'Italie, continuez à marcher vers les glorieuses destinées que le ciel vous réserve. Formez des rangs impénétrables autour de Charles-Albert. Songez que la famille de ce prince magnanime est sortie de nos montagnes, et que notre croix blanche est devenue pour nous l'emblème sacré de l'indépendance italienne. Montrez-vous ce que vous êtes !

Vive le Roi ! Vive la Constitution ! Vive la Savoie !

Vive l'armée d'Italie !

N° 41.

HOTEL - DIEU DE CHAMBÉRY.

EXTRAIT DU GRAND REGISTRE DU MOUVEMENT DES MALADES.

N^{os} d^{re}.

413, 414 — Hauten Joseph, fils de Joseph et de feue Charlote Bonnet, de Porte-sur-Saône. — Sermet Bernard, d'Annecy. Ils sont entrés le 3 avril, à 3 heures de relevée, pour prendre des bains de pieds et se reposer. Ils sont sortis vers les 6 heures du soir, et sont rentrés le 4, après la bataille. Ils ont été saisis par des gardes nationaux, et conduit au Manége.

422 — Bouvet Placide, de Vernaz. Entré le 3 au soir, après avoir bamboché à la caserne.

423 — Louis Maurice, d'Annecy. Entré le 3 au soir. Il s'est évadé le 4 avril, à 11 heures du matin.

429 — Un inconnu. Cadavre apporté du Boccage.

430 — Un inconnu. Cadavre apporté de la rue St-Dominique.

431 — Alisan Noël. Cadavre apporté du faubourg de Montmélian.

432 — Ribetti Claude, blessé au bras. Sorti le 15 avril.

433 — Pegaz Maurice, des Marches. Contusions à la tête. Sorti le 4 avril.

434 — Billard Georges, de Curienne. Contusions à la tête. Sorti le 4 avril.

435 — Quenard Pierre, de Chignin. Blessure à la tête. Sorti le 4 avril.

436 — Monod Valentin, de Chambéry, blessé assez gravement à la tête. Conduit aux grandes prisons, le 13 avril, par ordre supérieur.

457 — Perret Marie-Christophe, de Moûtiers. Contusions à la tête. Sorti le 7 avril.

458 — David François, d'Yessis-l'Evêque. Blessé à la tête. Encore à l'Hôtel-Dieu.

459 — Lachat Jean-Marie, d'Annecy-le-Vieux. Blessures à la tête. Sorti le 7 avril.

440 — Fleuret François, de Gerbaix. Blessures à la tête. Sorti le 7 avril.

441 — Lavatte François, de Chambéry. Blessures à la tête. Sorti le 7 avril.

442 — Nivière Marie, de Perrieux (France). Blessure à la tête. Sorti le 7 avril.

443 — Bailly Auguste. Décédé à l'Hôtel-Dieu, le 8 avril, par suite de graves blessures reçues à la tête.

444 — Chaponau Guillaume. Contusions à la tête. Sorti le 7 avril.

445 — Rassat Claude, de Chambéry. Gravement blessé à la tête. Encore à l'Hôtel-Dieu.

446 — Blanc, de Bassens. Décédé à l'Hôtel-Dieu, le 4 avril, par suite de très graves blessures reçues à la tête.

447 — Montfalcon Pierre, du Pont-de-Beauvoisin (France).

448 — Duboin François, de Samoëns. Conduit à Maché, le 6 avril, par ordre supérieur.

449 — Millon Benoît, de Chambéry. Amené par la garde nationale, et sorti le 4 avril.

450 — Folliet Jean, de Machilly (Chablais). Flegmon au cou. Sorti le 7 avril.

468 — Davoine Jean-Baptiste, de Lyon. Flegmon. Réclamé par Mme de Faverges, et sorti le 11 avril.

455 — Chiron André, de Chambéry. Amené du Manége le 5 avril. Fiévreux. Encore à l'Hôtel-Dieu.

459 — Molliet Ambroise de Beaufort. Amené du Manége le 6 avril. Fiévreux. Encore à l'Hôtel-de-Dieu.

477 — Prud'homme Etienne, de Faverges. Amené du Manége le 10 avril. Fiévreux. Sorti le 15 avril.

RÉCAPITULATION.

Cadavres apportés................ 5
Morts 2
Sortis 20
Blessés restants................. 4
Fiévreux id................... 2

TOTAL...... 31

Hôtel-Dieu, le 15 avril 1848.

L'Inspecteur de Service,

GOTTELAND.

NOTA. — Dans le nombre des morts rappelé ci-dessus se trouve le milicien Alisan, dont le corps a été transporté à l'Hôpital; reste ainsi quatre morts à Chambéry entre les agresseurs.

D'après les renseignements les plus sûrs, il paraît constant qu'on doit ajouter Claude-Marie Dalloz, de Saint-Claude, département du Jura (France), et Jean Bally, de Lyon, sépulturés le 5, à St-Alban, et un inconnu, sépulture le même jour, à la Ravoire.

On pourrait y ajouter une femme trouvée morte dans la rivière de l'Aisse sur la paroisse de Bissy, cependant on peut révoquer en doute qu'elle appartînt à la bande des ouvriers.

Ainsi, au plus, ils auraient eu huit morts.

Quant aux habitants de Chambéry ou des communes environnantes, Alisan paraît être le seul tué, et toutes les recherches faites n'ont fait découvrir que cinq blessés, même assez légèrement.

Nº 42.

LIBERTÉ, ÉGALITÉ, FRATERNITÉ.

Au nom du peuple savoisien.

Citoyens,

L'ancien pouvoir n'existe plus ; dans les plis du drapeau français nous vous apportons le seul gouvernement qui vous convienne, la république ;

La république, avec sa sainte devise : *Liberté, Egalité, Fraternité.*

Le peuple est avec nous ; tout se fera pour le peuple et par le peuple. Du suffrage universel vont ressortir et votre gouvernement et votre constitution.

Nos jours de gloire et de bonheur ont lui pendant notre union avec la France, vous allez les revoir encore.

Ce résultat, nous l'obtiendrons sans violence et aux cris de : Vive la République ! Vive la Savoie ! Vive la France !

Pour le président, GUILLERME.

Philibert REVEYRON.

Nº 43.

LIBERTÉ, ÉGALITÉ, FRATERNITÉ.

Citoyens,

Ralliez-vous franchement au gouvernement républicain, évitez toute tentative de résistance, et sachez bien que la moindre manifestation contre nos frères qui sont venus nous seconder, pourrait amener le massacre immédiat de tous les Savoisiens qui sont en France, et que vous-mêmes vous vous exposeriez à une vengeance certaine.

PEYSSARD.

N° 44.

LIBERTÉ, ÉGALITÉ, FRATERNITÉ.

Comité provisoire.

Les citoyens membres ci-après désignés sont invités à se rendre à l'Hôtel-de-Ville cejourd'hui 5 du courant, à deux heures après-midi.

Forest Guillaume.	Chapot Bathélemi.
Pallatin, procureur.	Tournier, négociant.
Bourbon, avocat.	Delaye Charles.
Dessay, avocat.	Chapperon, tailleur.
Mollin, avocat.	Dijoud Laurent.
Dupasquier Gasparin.	Carcet, avocat.
Martin Louis.	Croisat, marchand de fer.
Bebert, notaire.	Chevalay Nadin.
Genin, négociant.	Parent père, avocat.
Verdet Etienne.	Parent fils, avocat.
Duverney Charles, entrepren^r.	Léger Félix.
Blard.	Guerin, négociant.
Crépine, avocat.	Frumy aîné, négociant.
Mollin cadet, négociant.	Bidal fils, négociant.
Charpenat, forgeron.	Barbe aîné.
Héritier Maxime, procureur.	Nicolet fils, avocat.
Duclos, commissionnaire.	Borson, médecin.
Montagnole cadet.	Carret, médecin.
Gotteland, procureur.	Burnier Michel, notaire.
Gotteland, avocat.	Chamousset, charron.

Le Maire provisoire,

PEYSSARD.

N° 45.

RÉPUBLIQUE SAVOISIENNE.

LIBERTÉ, ÉGALITÉ, FRATERNITÉ.

Le gouvernement provisoire aux habitants de Chambéry.

Citoyens,

Un Comité provisoire pour le maintien de l'ordre et l'administration civile vient d'être établi. Voici les noms des membres qui ont été élus à la pluralité des suffrages par une masse imposante de citoyens honorables convoqués à cet effet :

Messieurs ,

Bonne,	29.	Fillard,	25.	Borson ,	26.	Forest,	21.
Pallatin ,	24.	Martin ,	26.	Domenge,	27.	Dubourget,	18.
Parent père,	29.	Burnier,	21.	Palluel ,	29.	Héritier ,	17.

Membres du Comité provisoire qui ont été convoqués à l'Hôtel-de-Ville , le 3 du courant.

Forest Guillaume.	Parent père , avocat.
Pallatin, procureur.	Parent fils , avocat.
Bourbon , avocat.	Léger Félix.
Dessaix , avocat.	Guérin , négociant.
Mollin, avocat.	Frumy aîné , négociant.
Dupasquier Gasparin.	Bidal fils , négociant.
Martin Louis.	Barbe aîné.
Bebert , notaire.	Nicollet fils , avocat.
Genin , négociant.	Borson , médecin.
Verdet Etienne.	Carret , médecin.
Duverney Charles, entrepren'.	Burnier, notaire.
Blard.	Chamousset , charron.
Crépine, avocat.	Naz Eugène , avocat.
Mollin cadet , négociant.	Burdin Amédée.
Charpenat, forgeron.	Charles-François, propriétaire.

Héritier Maxime, procureur.
Duclos, commissionnaire.
Montagnole cadet.
Gotteland, procureur.
Gotteland, avocat.
Chapot Barthélemi.
Tournier, négociant.
Delaye Charles.
Chapperon, tailleur.
Dijoud Laurent.
Carcel, avocat.
Croisat, marchand de fer.
Chevallay Nadin.

Revuz, procureur.
Puget, avocat.
Viard, avocat.
Comoz, cafetier.
Belmain, ancien pharmacien.
Domenge, procureur.
Pricaz Guillaume.
De Châteauneuf.
Dunoyer aîné.
Martin, procureur.
Dubourget Francisque.
Bonne Jean, négociant.

Citoyens de tous les rangs, de toutes les professions, soyez bien pénétrés d'une chose, c'est que nous sommes venus à vous comme des frères et des amis. Nous ne voulons pas vous imposer nos opinions si elles ne sont pas les vôtres. Un appel sera bientôt fait au pays, et c'est lui qui décidera de la forme du gouvernement à adopter.

Le gouvernement nous abandonne, cela est certain ; le consul sarde, à Lyon, a refusé de nous délivrer des passeports, en disant que *les affaires de la Savoie* ne le regardaient pas.

Que tous les bons citoyens se groupent donc ensemble pour faire régner l'ordre, jusqu'à ce que le pays se soit prononcé.

La garde nationale a été ignominieusement désarmée ce matin ; ce n'est pas nous qui lui aurions fait subir cette humiliation. Gardes nationaux ! reprenez vos armes, venez vous mêler à nos rangs, nous sommes tous vos frères !

En attendant la constitution d'un pouvoir définitif, le gouvernement provisoire décrète :

1° Tous les fonctionnaires publics sont maintenus dans leurs places, titres et rangs.

2° Les cour d'appel, les tribunaux, continueront à siéger comme par le passé.

3° Les postes de la ville seront tenus par la garde nationale et nos volontaires réunis.

4° La peine de mort en matières politiques est abolie.

5° Les lignes de douanes sur les frontières de France sont supprimées.

6° Tous les prisonniers pour délits politiques, dettes, délits forestiers, de gabelles et de chasse, seront mis en liberté.

7° Toutes les marchandises saisies en douanes seront vendues au profit des ouvriers sans travail.

8° L'échéance de tous les billets à ordre, échus ou à écheoir, est prorogée au 20 avril, à dater de ce jour.

Citoyens, soyons unis, nous serons forts. Nous nous occupons activement d'organiser le pouvoir et de donner du travail aux ouvriers.

La liberté de la presse sera pleine et entière.

Respect à l'épargne de l'ouvrier et à tous les dépôts faits à la caisse d'épargnes.

Le Maire provisoire,

PEYSSARD.

N° 46.

ADRESSE DU COMITÉ PROVISOIRE

DE L'ADMINISTRATION COMMUNALE DE CHAMBÉRY.

Citoyens,

Nommés pour veiller momentanément aux intérêts de la cité et à l'élection libre des citoyens pour une administration municipale provisoire, qui veille aux intérêts de tous, le comité arrête que tous les citoyens portés sur les rôles de la milice communale, et qui ont droit d'y concourir, sont invités à se rendre cejourd'hui, à dix heures du matin, au Manége, pour procéder par la voie du scrutin secret à la nomination d'une administration communale, comprenant tous les intérêts de la cité dans ses attributions, et dont la nomination sera immédiatement rendue publique.

Cette administration sera composée provisoirement de vingt-quatre membres.

Citoyens de Chambéry ! prêtez-nous votre aide, votre appui et votre concours pour que l'ordre et la sûreté de tous ne soient point troublés ; de votre côté, comptez sur notre dévouement.

PARENT. — BORSON, *docteur.*

Chambéry, le 4 avril 1848.

N° 47.

INTENDANCE GÉNÉRALE DE CHAMBÉRY.

Monsieur le Syndic,

Nous apprenons que plusieurs fuyards appartenant à la bande ouvrière circulent en fuite dans les campagnes. Notre intention est que ces individus soient immédiatement dirigés sur Chambéry pour nous être présentés, et qu'ils soient traités avec humanité.

L'Intendant-Général de la division administrative de Chambéry,

SAPPA.

N° 48.

INTENDANCE GÉNÉRALE

DE LA DIVISION ADMINISTRATIVE DE CHAMBÉRY.

Chambéry, le 12 avril 1848.

Monsieur le Syndic,

La presque totalité des Savoisiens égarés, qui avaient été arrêtés le 4 courant, en compagnie des bandes armées qui avaient envahi Chambéry, ont déjà été ou seront bientôt mis en liberté provisoire pour être dirigés dans leur commune respective, au moyen d'une feuille de route imprimée exprès sur papier jaune.

Comme ces individus sont placés sous surveillance, je viens vous prier, Monsieur le Syndic, conformément aux ordres de la Cour d'appel, de faire savoir de suite et à fur et mesure de leur repatriation, à M. le président avocat-fiscal-général, le jour et l'heure de leur arrivée dans leur respective commune.

Et en comptant sur l'exactitude que vous mettrez à remplir ce devoir, je saisis l'occasion pour vous renouveler l'assurance de la parfaite considération avec laquelle j'ai l'honneur d'être,

Monsieur le Syndic,

Votre dévoué serviteur,

L'Intendant-Général,

SAPPA.

Nº 49.

NOUS CHEVALIER

ANGE OLIVIERI DE VERNIER

*Commandeur de l'Ordre des Ss. Maurice et Lazare, Membre
de l'Ordre militaire de Savoie et de celui de St-Georges de
Lucques de première classe; Lieutenant-Général de Cavalerie; Gouverneur et Commandant-Général du Duché de
Savoie.*

Habitants de la Savoie,

Des bruits alarmants s'étaient répandus, il y a quelques jours, parmi vous, touchant de nouvelles bandes
d'ouvriers lyonnais, qui, disait-on, allaient être dirigées
sur la Savoie, afin d'y exercer leur vengeance et porter
le trouble dans le Gouvernement. Trompée par des récits
mensongers, une partie de la population de Lyon et des
frontières avaient en effet montré quelque exaspération ;
mais quand la vérité a été connue, quand on a su votre
modération, les Français, toujours généreux, n'ont eu
que des éloges à vous donner.

Les hommes égarés qui étaient venus pour proclamer
parmi vous un nouvel ordre de choses, et auxquels on
avait fait un tableau infidèle de vos sentiments d'attachement au Roi et à son gouvernement constitutionnel, ont
dû voir dans votre glorieuse conduite une marque écla-
tante de l'artifice dont ils ont été l'objet. L'indulgence
dont vous avez usé envers eux après le combat, et la
mansuétude avec laquelle la magistrature du pays les a
traités, ont produit sur l'esprit de ces ouvriers abusés

un heureux effet; votre victoire, ennoblie par votre clémence, aura un retentissement salutaire, et découragera ceux qui seraient tentés de les imiter.

Il résulte des renseignements qui me parviennent à l'instant et de ceux que me communiquent le Commissaire du gouvernement français à Chambéry, dont les efforts tendent à prévenir toute effervescence, que, si des bruits fâcheux continuent à circuler parmi vous, ils sont pour le moment dénués de fondement.

En tous cas, et quoi qu'il arrive, j'éprouve une vive satisfaction de pouvoir vous annoncer que S. M., profondément émue des nouvelles preuve d'attachement que vous venez de lui donner, et tenant toujours plus à cœur de conserver sous son sceptre la fidèle et brave Savoie, a résolu d'envoyer ici, sous mes ordres, un major-général pour commander les troupes de toutes armes stationnées dans ce duché. La Réserve sera incessamment appelée sous les armes. Enfin, une quantité considérable de fusils et de munitions sont en route pour armer et fournir les Milices communales.

Les nouvelles reçues du théâtre de la guerre annoncent un fait d'armes glorieux pour notre armée. Espérons que ce fait d'armes sera suivi d'autres qui assureront le triomphe de la sainte cause que notre auguste monarque a entrepris de défendre.

Ayez donc confiance, et conservez avec calme et ordre cet esprit de dévouement et d'amour de la patrie qui sont innés chez vous.

Chambéry, le 12 avril 1848.

A. OLIVIERI.

N° 50.

INTENDANCE GÉNÉRALE

DE LA DIVISION ADMINISTRATIVE DE CHAMBÉRY.

Chambéry, le 15 avril 1848.

Monsieur le Syndic,

Parmi les individus arrêtés le 4 courant avec les bandes armées, et successivement renvoyés provisoirement sous la surveillance de la police, il en est un grand nombre qui, en raison de leur profession ou de leur état de famille, ou encore de leur position personnelle, ne peuvent trouver du travail qu'à l'étranger. Le Gouvernement ne voulant point priver ces malheureux de la faculté d'aller gagner leur vie loin de leur sol natal, vous autorise, Monsieur le Syndic, à leur délivrer, dans la forme ordinaire, un certificat pour obtenir un passeport à l'étranger, à condition cependant que vous m'en donnerez avis au fur et à mesure, et sous la réserve surtout que ces individus, s'ils rentraient volontairement ou qu'ils fussent repoussés en Savoie, ne cesseraient pour cela d'être sous la surveillance de la police.

Recevez, Monsieur le Syndic, l'assurance de la parfaite considération avec laquelle j'ai l'honneur d'être

Votre très humble et obéissant serviteur,

L'Intendant général,

SAPPA.

N° 31.

AU NOM DE LA COMPAGNIE DU RHONE.

Braves Gardes nationaux de Chambéry,

Ne pouvant vous prouver notre reconnaissance que par ce discours, faible esquisse de sentiments empreints dans nos cœurs français :

Votre conduite admirable a fait honneur à notre nation et à votre humanité, déjà si connue, dont nous vous sauront un gré éternel.

Ne voulant nous disculper sur un fait qui vous est prouvé innocent au sujet de notre conduite dans vos murs, nous dirons seulement que, non coupables et poussés par notre instinct de fraternité et de patriotisme, nous pensions tendre la main à des frères que l'écho des journaux nous montraient déjà français, et nous nous sommes empressés de suivre cette impulsion, sans blesser votre nationalité.

Ce sera toujours avec le plus vif sentiment de joie que nous nous retracerons votre magnanime et généreuse conduite, aux cris mille fois répétés dans nos cœurs de :

Vive la Garde nationale !

Pour la Compagnie dite *des Voraces*,

Signé : LAURENT Ant.

Lieutenant de ladite Compagnie.

N° 52.

(Extrait du Courrier des Alpes *du 18 avril.)*

Nous enregistrons les deux pièces suivantes comme suite des documents qui prouvent que, dans les événements du 4 avril, la population de Chambéry a été aussi loyale et généreuse que brave et dévouée. C'est un nouveau démenti donné aux calomnies de quelques folliculaires qui ne respirent que l'animosité et le désordre.

A M. le Gouverneur de la Savoie, à Chambéry.

Communien, sous Pierre-Châtel, 8 avril 1848.

Monsieur le Gouverneur,

Hors de tout danger pour ma vie, grâce à la générosité de Chambéry et des environs, en ma qualité d'officier de la société dite des *Voraces*, je viens remplir un devoir de justice en vous disant que vous avez l'honneur de gouverner le peuple le plus héroïque, le plus généreux, le plus compatissant, le plus humain que je connaisse, à en juger par les habitants de la capitale.

Selon les proclamations que j'ai lues, il y aura rémunération pour ceux qui se sont distingués. N'oubliez pas, je vous en conjure, le chirurgien et l'aumônier de l'Hôtel-Dieu, qui nous ont prodigué tant de soins avec tant de fatigues. Partout je publierai la bonté des habitants de votre pays.

Paramin, Officier.

Monsieur le Rédacteur,

Vous voudrez bien insérer dans votre journal ces quelques lignes d'un cœur reconnaissant aux bons habitants de Chambéry, qui, après la victoire, ne se sont souvenus qu'ils étaient vainqueurs que pour faire du bien aux vaincus.

Habitants de Chambéry,

Naguère mille voix publiaient votre victoire, aujourd'hui toutes les bouches proclament votre générosité.

Un instant laissés à vous-mêmes, ne relevant que de votre conscience, vous n'avez voulu être libres que pour être les héros de la fidélité. Toujours, pendant la lutte, vous vous êtes souvenus que vous combattiez contre des frères. Aussitôt après votre triomphe, quel touchant spectacle de vous voir alors déposant vos lauriers, panser les plaies de vos antagonistes, arrêter ceux qui les frappent, gémir sur ceux qui ne sont plus, et implorer grâce pour ceux que la mort a épargnés. Aussi ceux que nous revoyons, nous parlent de vous comme de leurs bienfaiteurs et de leurs sauveurs.

Habitants de Chambéry ! vos actes de clémence sont du domaine de l'histoire ; ils occuperont de belles pages dans celle de l'humanité.

Les Romains savaient vaincre ; ils ne savaient pas pardonner aux vaincus, encore moins les soulager ; la sève évangélique vous a rendus plus grands que des Romains ; vous n'êtes comparables qu'à vos voisins si hospitaliers, aux bons Français.

Recevez les félicitations de ceux qui vous aiment et ne cesseront de vous admirer.

Gloire éternelle au vrai courage, à la vraie philanthropie !

Vivent les habitants de Chambéry !

Le président d'un comité pour secours ,

B. MAITRE.

Lyon , le 13 avril 1848.

N° 55.

La proclamation suivante , adressée à leurs compatriotes par les Savoisiens demeurant à Paris , et dont des copies imprimées dans cette dernière ville ont été répandues dans la Savoie, fera juger combien l'esprit des populations de notre pays est unanime dans ses sentiments d'honneur , de loyauté et de fidélité.

LES SAVOISIENS HABITANT PARIS

A LEURS FRÈRES DE LA SAVOIE.

Peuple de la Savoie,

Un gouvernement républicain est venu s'installer par la violence dans votre capitale ; une poignée de gens sans aveu , ramassis immonde des égoûts de la France et de la Suisse, est venue troubler la paix de nos montagnes ; des mendiants ambitieux ont déchiré la bannière du meilleur des Rois et de la plus sainte des causes, pour s'ériger en tyrans de notre patrie , pour avoir en main la puissance du vol et du pillage , pour élever leur fortune sur les ruines de la fortune publique.

Peuple de la Savoie, nos amis et nos frères, écoutez-nous, nous qui sommes ici témoins des maux qui pèsent sur la France, nous qui serons peut-être engloutis avec elle dans l'abîme qu'elle creuse sous ses pieds ! ne vous laissez point égarer par de perfides promesses ! En échange d'une liberté factice, on vous donnera le trouble, le désordre, l'anarchie, le pillage, la guerre et les massacres. Sous le spécieux prétexte du bien public, on quadruplera vos impôts, on enrôlera vos enfants, on absorbera tout le numéraire du pays, on détruira la confiance, on fera tomber le commerce et l'industrie, on enlèvera à l'agriculture une foule de bras nécessaires, on ravagera peut-être vos campagnes, et on attirera infailliblement sur vos têtes la vengeance de celui que vous aurez trahi : car, sachez-le bien, ni la France, ni la Suisse, ne viendront à votre secours ; la France l'a dit, en termes formels, par la bouche de M. Lamartine ; la Suisse a juré de garder une neutralité absolue au milieu de tous les événements qui changent aujourd'hui la face de l'Europe. Quelle résistance opposerez-vous aux 20, aux 30, aux 40,000 hommes que le Roi va envoyer au milieu de vous ? Les Républicains qui vous gouvernent, savent bien qu'ils ne tiendront pas ; mais ils se sont dit : Dominons, volons et enrichissons-nous pendant quinze jours. A l'heure du péril, nous nous enfuirons avec notre or à l'étranger.

La Savoie s'est toujours distinguée entre tous les peuples par sa fidélité à ses souverains. Votre histoire est sans tache ; l'épée de votre Roi, les mains de vos soldats en tracent aujourd'hui la plus belle page dans les plaines de la Lombardie ! Souillerez-vous une gloire écrite pour l'immortalité, avec le sang de vos frères, avec le sang d'un Roi, votre compatriote, votre ami et votre père ? Abandonnerez-vous le héros qui, fier de son origine, fait marcher l'étendard de Savoie à la tête de ses troupes, qui a fait de notre bannière le symbole du triomphe et le signal de l'indépendance italienne ? L'abandonnerez-vous au moment où sa confiance remet à votre amour et à votre loyauté la garde de ses frontières ; au moment où vos frères, dévoués à sa cause et à sa gloire, cueillent à ses côtés des palmes et des lauriers ; au moment où les rives du Pô, du Tessin et de l'Adige vont redire à l'Europe ses victoires et les nôtres ; au moment, enfin, où il vous donne la liberté, une constitution, plus que vous ne demandiez, peut-être ? Ce serait une lâcheté, ce serait une trahison, ce serait un parjure ! Ce stigmate infâme ne flétrira jamais le front des Savoisiens !

Levez-vous donc, chers compatriotes, levez-vous comme un seul homme et chassez vos tyrans. Nous aussi, nous allons partir et vous venger ; dans huit jours, nous serons à la frontière, nous y serons en grand nombre, et en armes, si nous le pouvons. Venez nous rejoindre. Nous soulèverons sur notre passage toutes les populations ; les villes nous fourniront des munitions ; tous les honnêtes gens nous suivront. Les paysans se joindront à nous ; et si les armes leur manquent, semblables aux vieux enfants de la Dalécarlie, ils feront avec la fourche, le pieu, le trident et la faulx, ce qu'un soldat s'est faire avec son sabre et sa baïonnette. Nous arriverons ainsi, aux portes de Chambéry, au nombre de 15 à 20 mille hommes ; les traîtres tomberont et la justice triomphera. Hâtez-vous, l'heure presse : que pas un homme de cœur ne manque à l'appel. Une circulaire vous indiquera bientôt le lieu, le jour et l'heure du rendez-vous. Qu'en attendant chacun se prépare, s'arme et s'approvisionne.

Dieu, le Roi et le Pays nous récompenseront de notre dévouement.

Vive Charles-Albert ! Vive la Constitution !

Signés : BOUVERAT , DEPOISIER., MODELON , RUBEN , J. HUGARD, C. HUGARD, PALATIN, BERGER, GRANGERAT, DOMANGE, POÉTOT, MÉTRAL , GATHIER , etc.

N° 54.

On ne saurait terminer d'une manière plus convenable la publication de tout ce qui se rattache aux déplorables événements des 3 et 4 avril, qu'en donnant le texte du décret qui a accordé amnistie pleine et entière à tous les prévenus impliqués dans cette affaire.

C'est ainsi que les cris de clémence, répétés après la victoire par la population de Chambéry, ont trouvé des sympathies dans le cœur de nos Ministres, qui ont provoqué de Sa Majesté l'usage d'une des plus belles prérogatives de la couronne, le droit de faire grâce.

Sire,

Une procédure s'instruit par la Cour d'Appel de Savoie, par suite de l'invasion d'une partie de ce duché, qui s'est opérée par des bandes venant de l'étranger, dans les journées du 3 et du 4 du mois courant.

Le gouvernement a sans doute le droit d'appeler la vindicte publique sur les auteurs de ce coupable attentat. Mais il est, Sire, une raison qui, quelquefois, parle plus haut que les exigences de la justice ; c'est celle qui s'allie à la clémence, et qui s'appuie sur la force morale. Cette raison nous persuade aujourd'hui de placer sous les yeux de Votre Majesté deux considérations puissantes. Au moment d'inaugurer le système représentatif dans vos Etats, il vous en coûterait certainement, Sire, de voir, à côté de cette sécurité dont nous jouissons, se poursuivre les conséquences d'inquiétudes qui ont si promptement et si complètement disparu. Il paraît ensuite que l'énergie d'action et l'accord d'opinions qui ont caractérisé les efforts des populations savoisiennes pour délivrer le pays, ne laissent aucun doute sur l'opportunité de la résolution que nous avons l'honneur de soumettre à Votre Majesté. L'emploi de la clémence est un des attributs de la force, la preuve incontestable d'une juste confiance pour le présent et pour l'avenir.

Mu par ces considérations, convaincu qu'il ne fait que devancer les intentions de Votre Majesté, votre Conseil des Ministres a l'honneur de vous proposer, Sire, l'adoption du décret suivant.

Nous sommes, Sire, avec le plus profond respect,

De Votre Majesté,

Les très humbles et très obéissants
serviteurs et sujets.

Signés : César BALBO.
L.-N. PARETO.
SCLOPIS,
Vincent RICCI.
DES AMBROIS.
C. BONCOMPAGNI.
DI REVEL.

Turin, le 22 avril 1848.

CHARLES - ALBERT ,

Par la grâce de Dieu ,

ROI DE SARDAIGNE, DE CHYPRE ET DE JÉRUSALEM ,

etc., etc. , etc.

Sur la proposition de notre Conseil des ministres, nous avons décrété et décrétons ce qui suit :

Amnistie pleine et entière est accordée à tous les prévenus impliqués dans la procédure instruite par la Cour d'appel de Savoie, par suite de l'invasion d'une partie de ce duché, qui a eu lieu dans les journées du 3 et du 4 du mois courant.

Ceux parmi ces prévenus amnistiés qui sont étrangers, seront immédiatement reconduits à la frontière.

Notre garde-des-sceaux, ministre secrétaire d'Etat au département des affaires ecclésiastiques de grâce et de justice, est chargé de l'exécution du présent décret.

Donné à notre quartier - général de Volta , le 25 avril 1848 ,

C. ALBERT.

Vu : RICCI.

Vu : DE REVEL.

Vu : DE COLLEGNO.

FRANZINI.

Le garde-des-sceaux, ministre secrétaire d'Etat
au département des affaires ecclésiastiques de
grâce et de justice,

SCLOPIS.

Enregistré au contrôle général , le 27 avril 1848.

N° 55.

En terminant l'impression des pièces relatives à ce précis historique, l'éditeur est heureux de faire connaître que, sur la demande de MM. les Syndics de cette ville, Sa Majesté vient de donner un nouveau témoignage de sa haute satisfaction à quelques personnes qui se sont plus spécialement distinguées dans la journée du 4 avril.

Son Excellence le ministre des travaux publics, par sa lettre du 28 même mois, annonce que le Roi a daigné accorder la médaille d'or aux sieurs Boisset Jean-Pierre, Masson Jean-Baptiste, Gallo Laurent, Couturier Charles, Bal François et Boggo Gaspard.

Cette médaille peut être portée comme décoration sur un ruban bleu, elle est d'autant plus flatteuse, qu'elle sera gravée et frappée pour chaque décoré, et que cette distinction n'a été accordée jusqu'ici que dans des cas très rares et pour des actes de patriotisme et de courage distingués.